U0079150

讓你受歡迎到不要不要的人際關係學

成長階梯：73

讓你受歡迎到嫑嫑的人際關係學！

編　著　賴志清
出 版 者　大拓文化事業有限公司
責任編輯　吳文琪
美術編輯　姚恩涵

總 經 銷　永續圖書有限公司
劃撥帳號　18669219
地　　址　22103　新北市汐止區大同路三段一九十四號九樓之一
TEL　(〇二)八六四七—三六六三
FAX　(〇二)八六四七—三六六〇
E-mail　yungjiuh@ms45.hinet.net
網　址　www.foreverbooks.com.tw

CVS代理　美璟文化有限公司
TEL　(〇二)二七二三—九九六八
FAX　(〇二)二七二三—九六六八

法律顧問　方圓法律事務所　涂成樞律師

出 版 日◇二〇一七年十二月

國家圖書館出版品預行編目資料

讓你受歡迎到嫑嫑的人際關係學！ / 賴志清編著.
-- 初版. -- 新北市 : 大拓文化, 民106.12
面 ; 公分. -- (成長階梯 ; 73)
ISBN 978-986-411-063-6(平裝)

1. 人際關係

177.3　　106018746

序言

社會不像學校那麼單純，所以當你走出學校的剎那，你就不能再單純了，因為社會回報你的可能是血淋淋的現實。

單純原本不是什麼壞事，我們每個人出生的時候單純得像一張白紙。單純的人真誠待人，往往能交到真心朋友，也能收到對方真誠的幫助和祝福。但是，當我們進入成年人的社會之後，你會發現，太單純在這個社會上根本就無法立足，因為太過單純在別人看來像是傻瓜一般，而我們也會為自己過於單純的行為或思想付出代價。所以，我們不要把性格裡的單純帶到社會上來。

世界是圓的，思想是活的，因此，我們在為人處世時要拿捏好分寸，別太傻，要懂得偽裝自己、保護自己，也別太圓滑，要做到適度的成熟，這才是處世的根本。做人要成熟一點，但不能成熟得失去原則；做人要現實一點，但不能現實得出賣自己的靈魂。「害人之心不可有，防人之心不可無」，你在混社會的時候，要有一張自己的防備面具，這張面具就是我們維護自身利益的手段。

任何事情的運行都有著一定的邏輯，掌握了這種運行規律，我們才能將事情做好。就算現在只是一文不值的小輩，只要掌握了訣竅，也同樣能過得不平凡。透過靈活運用這些規則，你可以明確自己的實力，知道如何將自己的能量最大化；知道哪些話該說、哪些話不該說，深諳說話的藝術；能夠藉著細枝末節洞察人性，學會沉穩；還會明白不在非必要的時刻出鋒頭，而是默默蟄伏等待最佳時機。

目錄
CONTENTS

Part 2 世界上到處都是「聰明」的傻子

目錄
CONTENTS

Part 3 地位再高的人，也要學會低頭

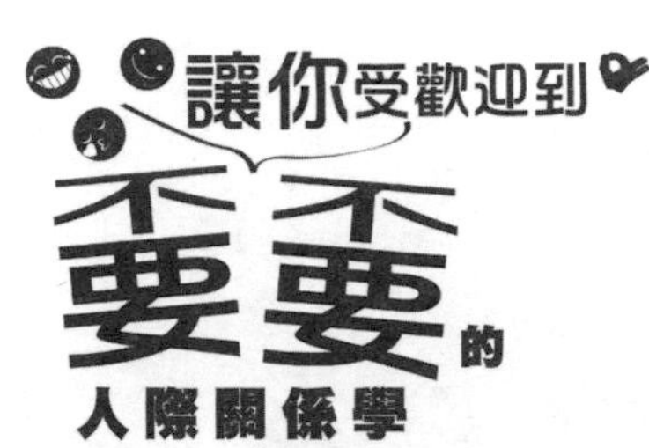
讓你受歡迎到
不要不要的
人際關係學

目　錄
CONTENTS

Part 5 有包容的能力，才有成功的機會

讓你受歡迎到
不要不要的
人際關係學

Part 1

社會不是幼稚園，別把夢幻當眞實

01 不能改變環境，那就學著改變自己

邦妮在大學裡面專攻視覺傳達設計，因為成績突出所以很受每個教授青睞。但是大學畢業後，可能是因為心理上的滿足感未曾消失，所以，她一直都希望自己能夠進入知名廣告公司工作。雖然之前有不少公司打來電話邀約，但是都被邦妮一一拒絕了。

終於在漫長的等待後，她終於被一家廣告公司錄用。上班的第一天，當經理

找她談話時，她說的第一句話便是要求「專業對口」，而且特別提醒經理要「充分注意到我的特長」，她反覆說明只有讓她到廣告設計部門去工作，才能真正發揮她的優勢。

可是，經理並沒有因邦妮的強調和解釋而改變想法，畢竟經理見過有才華的年輕人實在是太多了，所以依然安排她到了文案企劃部門去工作。為此，邦妮覺得很不開心，因為自己如此要求，居然還被拒絕，實在是太不給面子了，而且這對她簡直是大材小用。

帶著這種不良情緒，她進到了文案企劃部。但由於叛逆心理，她工作散漫，和同事們相處也並不融洽。還常常用高人一等的口吻指指點點，因此給部門經理留下了很不好的印象。還沒過試用期，邦妮就離職了。

然而邦妮最終也沒能找到自己心儀的工作，一直來回跳槽，不僅工作不穩定，連生活也越來越艱難。

事實上，無論你是如何的自我感覺良好，你都不得不承認這樣一個事實：地球不會因為少了某一個人的存在而停止轉動，就算你是集萬千寵愛於一身的高富帥，你也只不過是社會的一份子，很難影響社會，但反過來，是社會卻在無時無刻不在影響著我們。有很多剛進入社會的年輕人，因為不明白這個道理，導致在為人處世中遭遇事事不順、時時受阻、處處碰壁等種種窘境。

有句話這麼說：「如果你不能改變環境，那就學著改變自己。」任何人要想順利地適應快速變遷的社會，就只能從自身開始做起。只有隨時調整改變自己，才能與社會保持腳步一致。

邦妮覺得自己委屈了身段，卻沒想到作為一個剛剛踏入社會的新鮮人，她首先需要的是一個工作機會，累積工作經驗，然後才是去尋找一個合適的崗位。她這樣折騰，最後只苦了自己。

社會就像一部機器，適應與超越就像一對咬合的齒輪，自始至終緊密聯繫在一起。「適應」更是「超越」一切的前提。因為沒有適應，就更談不上超越。只有當你足夠瞭解了周圍的環境，你才能「以不變應萬變」。

當然，我們踏入社會後，對於之前自己的感知與現實無奈的差異，必然會產生理解分歧。如果你始終保持一種強硬的態度，那麼你只會因此而付出很大的代價。社會有時候就像個不倒翁，你越是想讓它朝著你的方向倒，它就越會朝著相反的方向搖動。

因此，要想在社會裡遊刃有餘，我們一定要學著去適應這個變化極快的社會環境。只有當你學會承受一切不可逆轉的事實，對那些必然的事情主動而輕鬆地承受並且做出相應的改變，那麼不管任何時候你都能做到「處變不驚」。

02 誠實不當傻瓜，坦誠而不幼稚

凡是吃過虧、栽過跟頭的過來人都喜歡說這樣一句話：「做人啊，千萬不要太老實。」他們會語重心長的告訴你：「就算對朋友和親人，也不要輕易地推心置腹；接到任何人的求助，也要先掂量一下自己的得失。」

這些話也許太刻薄，太血淋淋了一點，但如果仔細想想，就會發現這些話絕不是空穴來風，更不是教人作惡的不良言辭，而是無數過來人在屢屢碰壁之後，

歸納總結出的人生警句——他們都曾為此付出巨大的代價。

讓我們假設一下：如果你過於忠厚和實誠，別人問什麼話都一一回答，但等你問別人的時候，他卻以各式各樣的理由給予推託。過後的感覺就像被人扒光了衣服，而別人卻穿戴體面地坐在車廂裡笑你是傻瓜！確實如此，在現實中到處可見被騙了還幫人數錢的人，他們回頭還不忘說句「謝謝」。

艾克斯是一個忠厚老實的人，在外地生活了二十年後，卻怎麼也學不會社會上人的狡猾，更不會辨別他們的虛偽。艾克斯曾經做過電器生意，總是因為過於相信別人，不是被客戶拖欠貨款，就是被員工勒索盜竊。

一次，一個口碑並不好的「朋友」找到了艾克斯，向艾克斯訴苦，說自己的貨款被人捲走了現在身無分文，但家裡的母親又急需做手術，想找艾克斯借五萬塊錢。

對於艾克斯來說，自己的小店本身就是店小利薄，五萬塊錢無疑是一筆鉅款。但是，面對這個「朋友」悲戚的臉龐和唉聲歎氣的神情，艾克斯又心軟了，他想到一句老話，「救人如救火」，於是一咬牙，將準備過年帶回家的錢借給了這個「朋友」，並約定一定要在年前歸還，不然自己一家老小也要喝西北風了。

然而，這個「朋友」卻食言，拿到錢以後就失蹤了。心急如焚的艾克斯後來一打聽，才知道這個人喜歡賭博，欠了賭債，債主將他的財物拿去抵債。但這個「朋友」不相信自己的賭運會一直這麼背下去，於是到處找人借錢準備再去賭一把，所以艾克斯就成了這個冤大頭。

一直到最後，這個「朋友」也沒有露面，老實的艾克斯又一次上當受騙了。這種忠厚老實在親朋好友們看來其實就是無能，艾克斯遭受了家人的指責和埋怨。幾經挫折之後，艾克斯終於放棄做生意的念頭，踏上回家的火車，在故鄉艱苦地生活著。

在這個世界上，每個人都為生存而奔波。為了生存下來，為了生活得更好，我們有必要讓自己智慧起來，有必要學會在複雜的社會關係之間遊刃有餘。因此我們要牢記的一條就是——做人不可太老實，否則很可能一輩子拼命奮鬥還一無所獲。很多人想不通為什麼自己勤奮一生而仍然無法富有，相信在這裡能找到正確答案。

整體來說，我們跟人交往時，應該牢記一個原則——誠實但不當傻瓜，坦誠而不幼稚。誠實但不當傻瓜，是什麼意思呢？就是保證自己說給別人聽的話大都是真實的，不含欺騙成分。但如果把自己的事全部毫無保留地告訴對方，那你就是傻瓜了。比如做生意，你不弄清合夥人是什麼人，不十分瞭解他的用意，然後就將客戶資訊洩漏給他，這時他就會甩開你，直接去跟客戶做生意。

坦誠而不幼稚，又怎麼講呢？世界上總有人心險惡的一面，我們要懂得把握分寸。如果總是懷疑一切，拒人於千里之外，說明你不夠坦誠。但如果不管對方是什麼人，都傻呵呵地跑過去掏心掏肺，一廂情願地以為會收到對方善意的回應，這就相當幼稚。誠實與傻瓜之間的區別就在於此。對待不同的人，說話做事一定要有區別。逢人只說三分話，這三分都是真話，那七分不說的，也是真話。未可全拋一片心，拋出來的是真心，藏在心裡的當然也是真心。所以在為人處世過程中，我們可以忠厚，但絕對不能當傻瓜。

03 天下沒有免費的午餐

有人說，社會是一個大林子，什麼鳥兒都有。想在這個複雜的社會裡混出個模樣來，沒有一雙「慧眼」很難生存。

行走社會，首先要眼明心亮，明哲保身，不輕易被表面想像迷惑。有些事情表面看是好事，實際上卻是讓人栽跟頭的陷阱。手機上的中獎簡訊；古玩市場跳樓價格的珍品瓷器；地上擺放著鼓鼓囊囊的錢包……這些白撿來的「便宜」很難

會落到自己頭上。曾有人沾沾自喜地將花了二十萬買來的清代紫砂茶壺拿到電視收藏節目現場，自估市值應該有一百萬，結果專家認定為贗品，市值價格不過千元。這人聽到後，不禁為當初因為「便宜」還天真地以為自己碰到了「天上掉餡餅」的好事而買了這個贗品，感到懊悔不已。

事實上，世界上本來沒有無緣無故的好處，令人怦然心動的利益背後，往往是危險的陷阱。「免費的午餐」也不過是個幌子，即使吃了這頓不要錢，不代表永遠不要錢。

占了便宜總有一天要付出代價，就像那句江湖老話說的：出來混，遲早是要還的。看不透「免費午餐」的真實用意，還不如不吃，專心靠自己的汗水去掙取來得安全、踏實。若心存僥倖，總想占占便宜，到最後往往會付出很大的代價，發現這個「便宜」占得並不「便宜」。

一個剛入社會不久的年輕人在一家公司任職業務員。一天，他接到一個意外的電話，是他一直希望與之合作客戶打來的。之前，他曾多次上門拜訪，但都被客戶以各種理由拒之門外。電話裡，客戶先是十分熱情地跟他閒話家常，後來又約他吃飯。雖然年輕的業務員感到很奇怪，但轉念一想就只是吃一頓飯，自己也沒有什麼損失，於是便欣然赴約去了。

「無事不登三寶殿」，客戶電話裡說只是吃個便飯、聊聊天，但那麼難搞定的客戶居然會主動送上門來，這件事本身就很蹊蹺。稍微有些社會經驗的人都會多個心眼兒，仔細掂量掂量再決定是否赴約。但這位年輕的業務員剛踏入社會，涉世未深，同時也抱著說不定「天上會掉下餡餅」的想法，就答應了客戶的邀請。

宴席上客戶給他引薦了另外幾個大客戶，年輕的業務員非常高興。同時，他還為客戶的熱情編織理由：「他可能是上一回沒與我合作心裡有些愧疚，才請我吃飯，介紹其他客戶給我作為補償吧。」

沒過多久，這個名不見經傳的年輕業務員順利地與幾個新客戶簽了合約，老闆非常高興，不僅提拔他做業務主管，還承諾發獎金給他，同事們也紛紛對他刮目相看。他心裡十分高興，覺得自己遇到了大貴人，撿到了大「便宜」。私下裡，他不禁感嘆：誰說沒有免費的午餐，自己現在不就已經吃到了嗎！此時的他，完全消除了對「貴人」的猜疑，而徹底掉入了圈套。

後來，這位「貴人」又和他一起吃了很多次飯。一來二去，二人成了「哥兒們」。一次推杯換盞中，客戶見他已經喝得醉醺醺，便開始套話。年輕人在酒精的作用下完全卸下了防備，不知不覺便將公司最近一次招標的底牌透露出來。

結果公司在招標中吃了大虧，老闆很快查出「內鬼」正是這個年輕新晉的業務主管。這時，年輕人才恍然大悟——這一切都是「貴人」設下的圈套，但他也明白再怎麼解釋也沒有人會相信他。

被開除的那一刻，他後悔莫及。

其實，客戶的「棋局」並不複雜，只是年輕人從一開始就萌生了僥倖心理，以「試一試又沒損失」的理由抹殺了自己僅有的警覺意識，慢慢朝這個圈套裡鑽。

人都有貪小便宜的弱點，殊不知這種貪小便宜的僥倖心理正是混社會大忌。騙子經常利用人這一個心理弱點以各種形式的「免費的午餐」誘惑人。但是無功不受祿，受祿就要替人賣命。如果天上掉了餡餅，免費午餐擺在眼前，最好先想一想，再決定是否伸手拿過來。

老祖宗的箴言曰：從天而降的橫財多半都是陷阱。混社會的人當時時擦亮雙眼，提高警惕，不貪圖眼前的蠅頭小利。如果總抱著僥倖心理，等到接了餡餅才明白餡餅太大自己很可能會被燙死或壓死，吃了免費的午餐才覺得飯菜味道不對，這時候往往已經晚了。

任何人做事都會盤算著收取相應的「好處」，不為名即為利。沒有人會傻傻地為別人付出，不求半點回報。單純地以為別人會無目的地為自己做事，讓自己占便宜很容易掉進圈套，結果不是被當成槍使，做了炮灰，就是背了黑鍋。

天下從沒有免費的午餐，貪便宜無異於是拿自己的未來做賭注，是風險度最大的投資。所以，在紛繁的社會中闖蕩，不能存有一絲僥倖心理，午餐再誘人也要靠自己的實力來爭取才能吃得安心。

04 鋒芒太露容易沒飯吃

有個年輕人，畢業於名校，才華橫溢，走到哪兒都帶著一股指點江山、捨我其誰的氣勢。他覺得別人都如無用螻蟻，不配跟自己比。「我的能力最強，所以理應得到最多。」他總是這麼想，得到好處不與同事分享，事事都獨占頭功。

結果部門裡的同事聯起手來，結成同盟，跟這位「優秀人才」較勁，合力拆他牆角、扯他後腿，處處給他麻煩，任你多麼大公無私、盡職盡責，我們就是不配合。一個人處在這種環境下，要想做成點事情，那真是比登天還難！

最後，這位年輕人的工作當然做不好，走到哪兒都碰壁，一身才華困在腹中無法施展，甚至沒處訴苦！於是，上司斥責，同事不憐，他在每個人面前都沒落下好印象。

極度沮喪之下，他打了電話跟父親訴苦，父親聽完他的講述，沉默了一會，才緩緩的說「牙齒比舌頭堅硬的多，但是在老人嘴裡，能夠挨過歲月磨礪的只有舌頭。」聽完父親的話，年輕人意識到自己的問題，那就是自己太傲氣，太鋒芒畢露，所以遭受同事們的對付。

相傳孔子年輕的時候，曾經拜老子為師請教學問。在談到怎樣為人處世時，老子說了一句話：「良賈深藏若虛，君子盛德，容貌若愚。」這句話的意思就是：善於做生意的人，總是把珍貴的寶貨隱藏起來，不讓人輕易看到；有修養、品德高尚的人，往往在表面上顯得很愚笨。

真正有大成就者、成大事業者，無不是虛心好學的人。當他們開始驕傲的時候，立即就會想到「人外有人，山外有山」，意識到自身有很大的不足，他們會

以謙虛低調的心態去面對每一件事情、每一個人。

在道路狹窄時，要留一步讓別人能走；在享受美餐時，要分一些給別人吃。懂得謙讓和忍讓，這是立身處世取得成功的最好方法。

想通了這點，這個年輕人收斂了自己的脾氣，先是請所有同事去吃了頓飯，緩和一下關係，並在以後的工作中摒棄了自己以前那套唯我獨尊的作風，更加注意團隊配合和其他同事的感受。隨著時間慢慢流逝，年輕人的努力收到了成效，同事們不再孤立和針對他，甚至還會叫上他一起出去玩，年輕人也終於感受到了團體的溫暖。

《菜根譚》中有話說：「人情反復，世路崎嶇。行不去處，須知退一步之法；行得去處，務加讓三分之功。」意思就是，人間世情反復無常，人生之路崎嶇不平。在人生之路走不通的地方，要知道退讓一步的道理；在走得過去的地方，也一定要給予人家三分的便利，這樣才能逢凶化吉、一帆風順。

人與人之間的相處，很多時候並不是單項選擇題——有你沒他，而是多項選擇，可以雙贏。很多人不明白，他們只知道魚死網破，不是你死就是我活。為爭名奪利打得頭破血流、同歸於盡的例子，我們身邊經常上演。這種人永遠沒能體悟到，在必要時讓一步，反而能為自己帶來更大的好處。一個人只有懂得了這個道理，才能頓悟成功人物之所以成功的原因。

05 做不做事無所謂，重要的是別站錯邊

職場中，每個人都有自己的軌道，有著自己的運行路線，而這些軌道又密切交織、彼此影響，一著不慎，滿盤皆輸。說簡單點，也許你會喃喃自語：「我做我自己的，又不想得罪人。」話雖這麼說，但事實上你無心害人，卻也許會被別人不懷好意地給撞一下，搞不好還會撞成內傷，從此元氣大傷，不得不偃旗息鼓退出江湖。

你若是職場小兵，被撞一下也就罷了，要麼默默忍受吃個啞巴虧，要麼主動找上司申訴清白，最壞的結果是忍不下氣辭職走人，損失的也只有你自己，不會牽連太多枝節，運氣好的還能再重起爐灶，捲土重來。

但若你是混到一定位置的「資深前輩」，一旦冤家路窄撞在一起，震耳欲聾碎片四濺，那可真會波及無辜、貽害無窮啊。這樣的情景，就是我們常說的「神仙打架，小鬼遭殃。」因為，此時的博弈，是整個部門利益的博弈，還關係著眾多小兵的職場進退。

某跨國公司高層派系鬥爭，都為了自己的利益而勾心鬥角。總監崇佑，試圖聯手經理劉飛鴻，做掉行事過於強勢又深得老闆信任的總監志丞。

原來志丞是從公司總部派駐該城市的業務總監，由於在國外工作多年，因此做事不喜歡講究人情世故，而是講究效率和業績，在幾次內部鬥爭中，得罪了崇佑以及劉飛鴻一派的人。

不過，想扳倒志丞並不是一件容易的事情，為達成目的，崇佑開始向志丞的得力下屬，一位能幹的女職員艾華頻頻示好。這位員工也不是笨人，面對這樣的

困局，她向自己的MBA老師求助，看自己應該如何做才好，這個老師提出了三個原則：「第一，選邊站不能只考慮眼前，要看長遠。第二，不能只看好的一面，要預計到最慘烈的結果。第三，如果沒辦法作選擇，站在自己原先的位置正確的機率要大，如果幫自己的上司總監志丞，勝了風光照舊，輸了也算忠心護主，工作沒失誤被炒的可能性也微乎其微。」

聽了老師的分析，艾華明白自己應該如何做了，她拒絕了崇佑的挖角和示好，而是專心做好自己的本職工作，以及繼續支持自己的上司志丞。就這樣過了半年，高層的博弈終於結束了，勝負已分：總監崇佑被調到其他地方擔任閒職，而劉飛鴻則慘然出局，最為諷刺的是，在他辭職信上簽名的就是志丞。與之對應的是，艾華因為選擇正確，還接替了劉飛鴻原先的業務，薪資和待遇都得到很大提高。

怪不得古人老早就掌握了官場「站隊」的藝術，因為在兩星即將相撞的電光火石一瞬間，必須迅速選擇自己要站入的隊伍，要麼告密，要麼歸順，要麼跟著勝者風光，要麼跟著敗者玩完。

當然，現代職場與古代官場相比，且不論鬥爭複雜程度如何，最起碼不會掉了腦袋，但「站隊」這門藝術依舊重要，畢竟對於成年人來說，職場的勝利與否關係到你生活品質的高低。對於江湖老油條來說，在職場很多時候，並不需要你做特別多的事情，或者是否用心經營了一個項目，而是在於你站的隊伍是否可靠，隊伍的帶頭大哥是否仗義。如果你不幸站錯了隊伍，再努力，也是白忙，上位的新領導必然會用自己的人來替換你所在的隊伍，就算你不被清算，也很難再有往日的榮光和地位。

當然，並不是所有的情況下都需要「站隊」，因為首先不排除有些公司的組織架構和企業文化導致「站隊」無甚必要，第二即使在需要「站隊」的公司，這門藝術也需因地制宜千變萬化，不可一概而論。只有一點，當形勢所迫必須選擇佇列時，切忌模棱兩可，拖延不決，以免日後兩邊都不待見你。

06

老實人不一定受歡迎

不知道從什麼時候開始，「老實人」一直不是一個特別好的詞語，的確，在這個競爭激烈的社會。「老實人」基本等於「迂腐」和「膽小」，特別是愛說實話的老實人更是有時候不受人待見了。

玉萍的兒子昨天拿回一份學校的民主評議表格，大致內容是要家長對班主任在某些方面做的如何，給予評價。像是有無亂收費，強行推銷課外書，強制補課，還有就是師德，校風，有無體罰和變相體罰學生等等。

兒子讓玉萍看完以後寫評價，玉萍一思量，覺得有幾項學校做的並不好：比如做的校服，價格不菲，品質卻不太好，孩子們運動量大，沒穿幾天就到處脫線，縫了又縫，面料皺皺巴巴，化纖材質又沾土，又容易靜電。為什麼不給孩子們做厚實一點或者純棉的呢？多花錢也值得……這些小事學校都做不好，怎麼可能更好的教育孩子呢？

另外對體罰這一條，玉萍也很有意見，她想這些老師們也許從來不認為自己體罰過學生，因為他們不知道何謂體罰。規定七點二十分到校，七點三十分上課，但是只要超過七點二十分，就要被罰站一整節課，玉萍覺得有點太殘酷。

於是乎，玉萍老老實實的寫上了對學校這些不滿意的評價，並沒多想，就讓兒子帶去了學校交給了班主任。然而，讓玉萍萬萬沒想到，班主任勃然大怒，說這麼多意見的學生他沒辦法教了，要家長另請高明。

面對鬱悶的兒子，玉萍只有親自跑到學校去和老師理論，最後給兒子換班了這個事才告一段落，不過經過這個事情，兒子對學校還產生了厭倦心理，不想去

上學了，這讓玉萍後悔不已。

其實，做老實人，並不代表就是不經大腦、不看對象、不分場合把一切全盤托出，在對人講真話時，我們需要掌握好尺度，在對待特定的人、事和自己想要達到的目的前提下，如何選擇自己的語言，則是非常關鍵。

我們可以有無數種不同措辭、角度、分寸，表達方法等等，表達方法可以是點到為止，也可以繪聲繪色。

玉萍直接讓兒子將批評意見交給了老師，得到的回饋自然是老師的嚴重對抗，最後鬧的不可開交，假設玉萍不寫這麼尖銳，而是心平氣和地提一些意見，相信這個事情也不會這樣鬧開。

有些時候，我們心中所想的，則是一定不能直來直去，尤其是在表達自己不好情緒時，更是需要委婉、間接來表達。憤怒、和直來直去不足以解決問題，只會激化衝突，加深誤解。而委婉的表達，則給自己、事情、及對方都留有緩和的餘地。

做老實人但不一定要說「老實話」，不是要求人們掩飾自己的真實情感，而是一種為人處事和說話的藝術。它們並不矛盾，恰恰是相為互補，相得益彰。

07 人家幫你是人情，應該心懷感恩

人都說學會感恩是一種神聖的儀式，意味著長大和身心成熟。可是現實中，知道感恩的人越來越少了。有的人會把別人對自己的好當成理所當然，沒有絲毫的感激之情。這無疑讓那些好心人有些難免有些心涼，甚至無奈。

曾經有一篇這樣的文章，路人甲每天上、下班都會路過天橋，有一天一個乞丐正在天橋上乞討著。

看到乞丐那破舊的衣服，以及憔悴的深情，路人甲心想：「一定要幫幫他。」於是每天上班和下班的時候，他都會在乞丐用來乞討的碗裡放一枚一元的硬幣，而每次乞丐都感動的老淚縱橫。可是有一天，因為上班快要遲到了，他匆匆而過忘了像以往一樣在乞丐碗裡放一元硬幣，乞丐竟追上路人甲，向他質問：「你今天為什麼沒有給我錢？」路人甲看著氣憤的乞丐，頓時無語。

不要把別人對你的好當成理所應當。朋友之間，同事之間，親人之間，包括夫妻之間，都不能把愛當成理所應當，要學會感恩。

傑克曾說，他很喜歡東方的女孩子。他表示，西方女性把男士們的「紳士行為」視為「理所當然」。男士們幫女士提重物、搬東西——理所當然；男士幫女士開門、拉椅子——理所當然；同時在西方教育下，男士也視這些紳士行為「理所當然」。

有一次因為擴大經營的需要，他們部門從十樓搬到八樓，每個人必須把自己的東西和桌椅搬下去。當傑克搬了那張椅子，發現真的很重，他擔心一個女孩子如何搬得動，於是他告訴女同事，椅子交給他們有力氣的男同事去搬。

結果一路上，女同事陪他們聊天，搬好了還忙著倒開水、泡咖啡給他們喝，讓男同事們覺得很愉快。

「如果在我們國家，搬重物『理所當然』是男孩子的工作，沒有人會陪你聊天，沒有人會感激地倒開水、泡咖啡。她們這麼體恤別人的作風，真的非常可愛，我們幫她們，不但樂意而且開心，這種受人尊重的感覺真好。」

很多時候，我們會把別人對自己的好視為理所當然，朋友喜歡我們，當然不介意被我們「麻煩」，一些小事情，也「幫」得十分樂意。俗話說：「受人點滴，湧泉相報。」就是要我們常懷感恩的心，來看待朋友的好心。

任何人都不喜歡自己的好心被人當作驢肝肺，一次、兩次也許還可以忍受，十次、二十次就會漸漸用光朋友的交情，屆時我們會發現，朋友似乎不再那麼「樂意」助人。與人相處我們當謹記一件事，就是天底下沒有誰幫誰是理所當然的，今天人家幫你是人情，你應該心懷感恩之情。

不少混社會的「人精」之所以能出門朋友滿天下，因為他們懂得報恩。朋友敬你三分，你還別人一丈。也許有人會說，找朋友幫忙，給幾個錢或是請他吃頓

飯，送個東西，好像把友誼給賤賣了，把朋友的交情看俗了。這是錯的，因為適度地表達我們的感激絕對是必要的。

也許我們不懂得比較「高尚」的做法，但吃頓飯、送個小禮物，也能表達我們感謝的萬分之一。它的作用不在於「禮」的輕重，而是心意的表示，讓朋友曉得他這個忙幫得多麼具有「價值」，多麼受朋友的重視，也許對他而言是舉手之勞，但是對朋友卻可能是攸關生死的大事。

最重要的是，我們說出來了，他也聽到了，知道我們有多在乎這件事，就像傑克的女同事，一路陪他們聊天，事後還倒開水、泡咖啡的，沒花什麼錢，卻十足表現了她們的感激之情，而傑克他們也感受到了，同時還說：「很愉快。」其實朋友在乎的，不過就是這麼一點點的回饋罷了。

假如你能夠懷有天下沒有誰幫誰是理所當然的想法，那麼，不論是朋友間、同事間，或是上司與部屬間，都可以相處和諧，也可以為你贏得人緣。因為人家從你身上，處處得到尊重，時時獲得感激，這對一個人而言，他有了人格上的自我滿足，人家自然樂於與你共事，與你做朋友。

08 所有人情世故，一半在說話裡

著名散文家朱自清先生說：「人生不外言動，除了動就只有言，所謂人情世故，一半兒是在說話裡。」是的，決定一個人命運的往往不是他所處的環境，而是他是否擁有高超的說話藝術，是否懂得在社交場合從容自若地與各色人巧妙周旋，口吐蓮花，通曉何時甜言蜜語，何時噓寒問暖……總之，掌握了高超的說話藝術，能讓你擺脫平凡，走向輝煌，走向成功。

在與人交往中，一言一行都關係著每個人的交際圈，所以言行不可不慎。那些懂得人情世故的人，說話往往都能把握分寸，不管在什麼場合都是落落大方，說話時候非常得體，不該說的時候，一句話也不說。然而那些不懂得人情世故的人即使口齒伶俐，在人際交往中口若懸河、滔滔不絕，卻也經常因為口無遮攔，說錯了話或說漏了嘴，導致人際關係危機。

現代社會隨著經濟的發展，人與人之間的交往日益頻繁，因此語言表達能力的重要性日益突現。作為一個現代人，不僅要有嶄新的思想和見解，還要能把自己的思想和見解很好地表達出來，更需要用自己良好的談吐去輔助自己創造良好的人際關係。所謂人情世故，一半都表現在說話辦事裡。可見，語言能力對於人情世故的重要性。

那麼，怎麼讓說話成為我們的人際關係的紐帶，讓自己精通人情世故呢？

第一，說話風格明快

大多數人不喜歡晦暗的事物，即使草木也需要陽光才能生長。同樣的，給人陰沉感的談話，會讓人有疑慮、厭惡感及壓迫感。不要給人陰沉感，說話要明快，這樣你才會容易讓對方接受你。

第二，擁有個性的聲音

有的人說話的聲音能使人覺得是一種享受。他們談話時，非常注意說話的聲音，而選擇說話的聲音，完全依他們的天賦、個性、場合及他所要表達的情感而變化。把自己的話錄下來再仔細地聽，你可能會吃驚地發現，自己說話竟有那麼多毛病。這樣經常檢查，發音的技巧就會不斷提高。

第三，語氣肯定

每個人的自尊心都很強，很容易因為某些微不足道的事就感到自尊心受損。如此一來，會反射性地表現出拒絕的態度。所以要對方聽你說話，首先得先傾聽對方要表達些什麼。所謂「說話語氣肯定」並不是指肯定對方說話的內容，而是指留心對方容易受傷害的感受。

第四，語調自然而變化

自然的聲音總是悅耳的，你要注意，交談不是演話劇，無論你是什麼樣的語調，都應自然流暢，故意做作的聲音只能事與願違。當你交談的對象不是一個

人，而是許多人時，應採用以下的技巧：當前一個人聲音很大時，你開始說話時就可以壓低聲音，做到低、小、穩。當前一個人音量小時，你的開始句就要略提高嗓門，清脆響亮，以引起大家注意。

第五，習慣用法

人類生存在當今的語言環境中，對於語言各自擁有其運用標準，一旦不符合其標準，就會產生不協調的感覺，其中包括語氣與措辭。在人際關係中，應當根據實際情況或對方是誰而分別使用適當的語言。如果不分親疏遠近，一律以和同事談話時的措辭來談，那麼對方將不會認真地聽我們說話。

一句話若沒有抑揚頓挫，則流於平淡，引不起對方的興趣，若能添一些感歎詞，則能增加彼此之間的談話的氣氛，但要適可而止，過多的感歎詞，亦會抹殺了言語的重要性，使對方不能分辨你的意思。

第六，思路有條理

當前面的談話爭論不休，而且沒有頭緒時，你站出來講話，就要力求詞句簡短，聲音果斷，顯得有條理。

以上六點主要教我們怎麼「說話」，只有懂得說話，你才不至於做一個人際關係上的「窮人」。在這個世界上，到處都是有才華、會說話的「窮人」。他們才高八斗、學富五車，口才伶俐，甚至有著上天入地的本領，但為何最後卻落了個窮困潦倒、一事無成的下場呢？

究其原因，就是不會說話而導致人情世故的缺失！在某種程度上說，說話是決定著你的人情世故，而人情世故，則決定一個人的一生是飛黃騰達，還是窮困潦倒！

大多數的成功人士，無一例外都明白這一點。他們懂得怎麼說話，知道對方需要什麼，知道什麼時候說話，什麼時候不該說話，知道適度的開玩笑……你幾乎看不見他奔波勞碌，但是在不動聲色中，他就能精通人情世故，成為交際達人。他們成功的密碼是什麼？其實很簡單，說話兩個字而已！

09

掂一掂自己的分量再發言

出來混遲早要還的，在與人交往中，千萬別覺得自己比誰都聰明，急不可耐地要與領導人爭辯或者在某些事情上挑大梁，這樣只會讓自己迅速被劃到「不可靠」的行列中，以後想翻身都難。而那些事實上終有所成的人，通常都會掂掂自己的分量之後再說話。

比如，開會的時候，聰明的人不先表態，等領導先發言定了調子再跟著走；

一件事情，有些人就算很有主意也不先亮出來，等到該你這一級說話的時候再表現；一個場合，該你出現的時候少了你不行，不該你出現的時候你卻赫然其中，多少讓人覺得不識趣……

沒錯，開口說話之前，先低頭看看你的身分，如果不那麼匹配，乾脆先不說。不說的時候，沒人注意你沒說，一旦說了，想讓人不注意你都難。

說話前要掂一掂自己的分量，如：在公司裡，不要以為你的上司很隨和，也不要以為你的上司年齡跟你差不多，就和上司說話的時候不分職位高低了！千萬要記得「人微言輕」，即使面對再隨和、年齡再小的上司，都要有一種意識：他是你的上司，你要在言語中表達出這種職位的高低之分，一定要掂一掂自己的分量再發言。

一個年輕業務員有著很強的工作能力，同時也受上司的看重，但是他經常在同事面前抱怨：「我最討厭我的上司，他經常對我們發號施令，辦事能力卻連我都不及。我認為他只不過是命比我好一點，但其實什麼也不是。」

有一天，這個年輕人和一個同事剛跑完業務回來，看見上司在辦公室裡吹冷

氣喝茶。他的心裡本來就很不舒服，上司看見他們回來，便問：「你們的業務跑得如何？」年輕人更加不舒服了，心想：「他在這裡享清福，我們出去跑，跑成了他也有好處，憑什麼呀？」於是他沒有好氣地說：「什麼也沒跑到！」上司一聽他的口氣，就動氣了：「你是有意見嗎？」

年輕人想發火，同事拉住了他，並對上司說：「經理，我們雖然沒有跑到什麼客戶，但累積了重要的經驗，我們明天再跑一趟，就差不多了。我想我們這個月應該能跑出對公司有利的業績來！」

上司白了年輕人一眼：「同樣是做業務的，你也跟人家學學！」

回到辦公室後，同事對年輕人說：「人家能當上經理一定是有能力的，公司不會白白養一個經理，我們的能力肯定不夠資格當經理，所以，要掂一掂自己的分量再發言，不然就太不自量力了。」

年輕人慚愧道：「剛才真是太衝動了。」

不管你心裡有多氣憤，都要記住一個事實，要掂一掂自己的分量再發言，上司能坐到上司的位子，必然有某些地方是你所不及的。沒有人是十全十美的，與其明爭暗鬥，弄得兩敗俱傷，不如努力與他合作愉快。

這個世界就是如此。很多情況下，一個人說話做事的分寸，跟他所處的地位有關。如果地位夠高，他所提的意見和辦法會被多數人認同、贊成並執行，如果他地位很低，哪怕你所提的意見和辦法是正確的，或者跟地位高的人一模一樣，也很少人會買他的帳，所以，說話前一定要掂一掂自己的分量再發言。

當你頂著一個頭銜說話時，就算沒什麼特別的洞見，大家也都趨之若鶩；但當你頭上什麼都沒有，卻想做主，那就會被人排擠了，也會貽笑大方。

10 見人說人話，見鬼說鬼話

說話確實是一門學問，教人在不同場合，說不同的話。俗話說：「見人說人話，見鬼說鬼話」，是典出清朝李寶嘉的《官場現形記》，說的是見了官場說官場上的話，見了生意人說生意場中的話，如今已用社會交際上的智慧。

鬼谷子也曾說過，與智者談話，以淵博為原則；與愚拙者談話，就不妨有所強辯；但若是與思想清晰、明察秋毫的人談話，則是說得愈簡單愈好，愈談得多愈占下風；與位高權重者談話，要談得勢利一點；但若與富豪談話，他們或會喜歡附庸風雅了。

在為人處世時，要見什麼人說什麼話，對傲慢無禮的人說話應該簡潔有力，最好不要跟這種人多談，所謂「多說無益」；對沉默寡言的人就要直截了當；對深藏不露的人，你只把自己預先準備好的那部分講給他聽就可以了；對於瞻前顧後、草率決斷的人，說話時要把話分成幾部分來講。可以說，把握好說話這本帳，記清心中那筆帳，才能生活得遊刃有餘，各種情境都立於不倒之地。

比如，對那些粗心的人，你只管隨意地說：「喂，今天上市的西瓜可新鮮啦！」這樣一句話也許就能讓對方掏錢買西瓜。如果對方是一個仔細的人，你就不能用太隨便的方法對待他，而應該小心地向他建議：「先生，要不要嘗嘗今天剛上市的西瓜？」這句話或許就能引來他駐足觀賞，並進一步考慮是否該買。

要想達到自己的目的，必須先瞭解對方樂於接受什麼樣的說話方式，才能順勢推展，取得預期的結果。以下是五種不同類型的人物，我們可以針對他們的性格特點來說話。

★第一類：沉默寡言型

這種人話少，問一句才說一句。這不要緊，即使對方反應遲鈍也沒關係，對這種人該說多少就說多少。因為這種人表面上看似不太隨和，但只要你說的話能言之有理、順耳中聽，你便有可能達到說服對方的目的。

★第二類：喜愛炫耀型

這種人好大喜功，老是喜歡把「我如何如何」掛在嘴上，這種人最愛聽恭維和稱讚的話。對他向你所做的炫耀要有耐心仔細聆聽，聽得越用心，稱讚越充分，你的成功率就越高。

★第三類：令人討厭型

這種人十分讓人討厭、令人難以忍受。好像他們天生只會說一些刻薄話一樣，好像控告他人、貶低他人、否定他人是他們生活的唯一樂趣。毫無疑問，這類人是最頭痛的。但是有一點卻是十分肯定的，即這類人也同樣需要與人交往，有的時候甚至是他們心裡已經決定答應別人的要求，而嘴上卻還在不停地說不行不行、答應後如何如何不好。

他們往往不能證明自己，所以更希望得到肯定的態度。對於這種人，關鍵是不要被他的難聽話所唬住，也不要直接表現你的反感，而是要採取不卑不亢的高姿態並隨機應答，這樣才會有好的效果。

★第四類：知識淵博型

這種人是最容易面對的。當這類人出現時，應努力抓住機會，注意多聆聽對方說話，同時還要適時給予真誠的讚許。這類人往往寬宏、明智，要說服他們只要抓住要點，不需要說太多的話，也不需要花太多的心思就可以達到自己的目的。

★第五類：猜疑心重型

這種人容易猜疑，容易對他人的說法產生逆反心理。跟這種人說話的關鍵在於讓他瞭解你的誠意或者讓他感到你對他所提疑問的重視，如：「你提的問題切中要害，我也有過這種想法，但……」等等。這樣，他會認為你在說真話，於是會認真提供你所需要的說明。

俗話說：「一樣米養百樣人」，世界上有多少人就有多少種應對說話的方法，以上五種類型的人僅供參考。我們要知道說話必須要「見人說人話，見鬼說

鬼話」，用他喜歡的方式，說他愛聽的話，只要他聽得進去，就有機會說服對方，進而達成自己的目的。

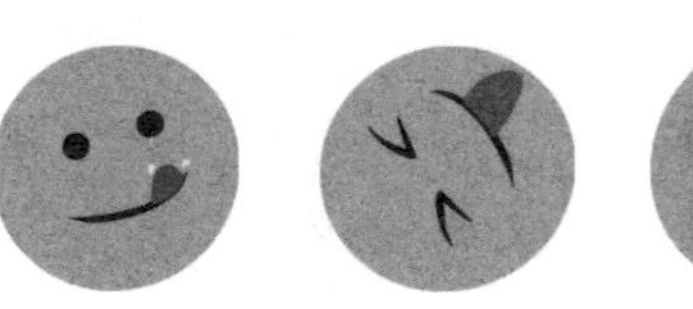

11 要知道何時該閉嘴，何時該開口

這個世界上沒有人承認自己不會說話，但生活中卻有這樣不會說話的人。雖然說話是人最基本的本能，人們從出生幾個月就開始咿呀學語，到後來實實在在的發聲來表達自己的想法與感受。而從這個時候起，人與人之間給人的印象就會產生差異，說話給人的氣場也會慢慢有所不同。

有的人說話能說到人的心坎裡去，讓人聽了能感同身受，心裡會很感動，而

有的人在某些時候某些場合說話不注意、不合適或者說話太死板，那麼就會讓別人聽了不舒服，進而產生反感和厭惡的情緒。

有句話說得好：話說得合宜，如同金蘋果落在銀網子裡。不論是誰說話都要看場合、看環境。要說得恰到好處，恰如其分，要知道什麼時候閉嘴，什麼時候開口，這樣才能起到好的作用，產生事半功倍的效果，這就叫會說話。

威倫剛來公司實習沒多久，公司的張副總就辭職走了。

在一次公司聚會上，大家說到以前的張副總為人處世方面的缺陷時，威倫想也不想便說：「那個張副總為人刻薄，絲毫不講情面。難怪年過三十還沒有嫁出去，像這樣的老姑婆會不會都有點心理變態啊？」

在座的人突然都沉默不語，威倫見大家都不說話，沒有閉嘴的意思，反問道：「難道不是這樣嗎？」

此時，王經理臉上已經是一陣紅，一陣白了。原來王經理也已經年過三十，也是單身。小威根本沒有意識到自己的話也影射到了王經理，雖然說不知者無罪，但是他的口無遮攔已經讓王經理非常感冒了。

由此可見，如果說話時不加注意，就有可能誤踩地雷傷人，甚至會將自己置身於尷尬的處境。所以，說話時一定要注意什麼時候閉嘴和開口。

一般情況下，口無遮攔說話的有兩種人。一種是自以為是、不懂避諱的人；另一種則是心直口快、不顧後果的人。不管是哪一種人，都應該認識到胡亂說話有可能會給自己帶來「禍」。

嘴巴是人之利器，也是人之禍害。無論你是吃硬飯還是吃軟飯，嘴巴能幫你也能害你。管不好自己的嘴巴，就要面臨禍從口出的災難！因此，我們要知道什麼時候閉嘴，什麼時候開口，這樣你才能保自己周全。

12 開玩笑宜笑不宜損

玩笑是生活的調味品，適當地開個玩笑，不僅可以調節氣氛，減輕疲勞，而且能縮短與朋友和同事之間的距離。一句玩笑話可以化干戈為玉帛，消除積怨，一句玩笑話也可以批評或拒絕某人的要求。但是開玩笑時必須要注意尺度和分寸，一旦過了那個度，那必定是一個不受歡迎的人。

曉剛的妻子結婚兩個月，就生了一個小孩，鄰居們趕來祝賀。這人的一個要好的朋友阿傑也來了。他拿來了自己的禮物——紙和鉛筆，曉剛謝過了阿傑，並且問到：「給這麼小的孩子贈送紙和筆，不會太早了嗎？」

「不，」阿傑說，「你的小孩太性急。本該九個月後才出生，可是他偏偏兩個月就出世了，再過五個月，他一定就能去上學了，所以我才給他準備了紙和筆。」

阿傑的話剛說完，全場轟然大笑，這讓曉剛夫婦臉色鐵青。

這樣調侃他人的隱私是不對的，上例中阿傑明顯道出了曉剛妻子未婚先孕的隱私，這樣讓大家都處於尷尬的局面。

俗話說：「人上一百，形形色色。」開玩笑要看準對象，人們之間可以適當開開玩笑活躍氣氛，融洽關係。但開玩笑一定要適度，開玩笑宜笑不宜損，這樣才能不傷人。

在生活中，某些人很喜歡開玩笑。但是由於往往過了度，或者說話太傷人而把調節氣氛的幽默玩笑變成了黑色玩笑。這些過了度的黑色玩笑是不會被人喜歡的。愛開黑色玩笑的人被習慣性地認定是「刻薄」的人，容易引起他人反感。

開玩笑本是人與人之間交往的潤滑劑，玩笑開得恰當、得體、幽默、風趣，會為周圍的人帶來歡愉。但許多人因為玩笑開得太過分而導致朋友反目，甚至鬧出流血、人命事件。可見，開玩笑也要把握尺度，講究對象、語言和方法。下面是開玩笑的十忌：

一、忌揭他人短處

將對方生理缺陷、生活污點等鮮為人知的短處當做笑料一一抖出，會嚴重傷害對方的自尊心。

二、忌懷著譏諷的心態

如果開玩笑的出發點是為了貶低對方，指桑罵槐，達到抬高自己的目的，那就大錯特錯了。

三、忌帶著污語說話

一出口便是一嘴髒話穢語，自以為豪邁，其實不僅自降人格，還惹得對方心中不快，周圍聽眾避而遠之。

四、忌涉及他人隱私

開玩笑常會無意中涉及對方生活、工作上的隱私，若又恰逢對方的戀人、親人尤其是上級在場，很容易造成言者無心，聽者有意，壞了對方的「好事」。

五、忌動手

君子動口不動手，覺得嘴上無法搞定對方，就用武力解決，導致雙方惱羞成怒，鬧出兩敗俱傷的慘劇。

六、忌把人逼進死胡同

「將軍」是象棋中的一句術語，是把對方逼到絕境的意思。如把一些力所不能及的事當成笑料，並再「將對方的軍」、讓對方去做，而對方又正是一個要面子的人，眾目睽睽，只好勉強為之，結果發生意外，以悲劇收場。

七、忌拿人做笑柄

俗話說得好，「話說三遍淡如水」，總開重複的玩笑，對方以為是跟他過不去，心中記恨，反目成仇。

八、忌打破砂鍋問到底

將一些流言蜚語作為開玩笑內容，並步步緊逼，刨根問底，惹得對方反感。

了台。

九、忌庸俗無禮

拿一些下流或私生活上的事作為笑料，既顯得自己沒素質，又搞得對方下不了台。

十、忌捉弄他人

惡作劇、哄騙對方突發不幸、驚喜之事，待水落石出看到對方被捉弄慘相後，幸災樂禍。

如果你以「損人」為代價來博得大家的笑顏，那麼你的人際關係一定會很差。所以，當你開玩笑的時候，一定要遠離「損人」這個招人厭惡的方法，只有這樣，你才會得到朋友們的喜歡以及周圍的人歡迎與喜愛。

13 多說多錯，少說少錯，不說不錯

墨子的學生曾經問墨子：「話是說得多好，還是說得少好？」墨子說：「你看，田裡的青蛙整天叫個不停，卻沒有人理會牠，而公雞每天只在天快要亮的時候才叫一、兩聲，但人們卻都很注意牠。可見，話不在說得多，而在說得有用。」

其實說話真是這樣，話說多了就會變成了囉嗦，惹人厭，任何事情都是貴精而不貴多，「言多必失」講的就是這個道理，話說多了並沒有多少好處。話說得

多了，暴露的不足和缺點也就越多。所以說，講話不在多，而在於精，不在量，而在於質。一個真正懂得交際的人，往往不是因為他說了多少，而是在於他說了什麼。

芸樂大學畢業之後，進入了自己心儀的公司。平時她也不太說話，大多時候，都是同事們說著她聽著。久而久之，她受到了同事們的歡迎，而且很多人都喜歡跟她往來。因為芸樂始終都是願意當他們的聽眾，在她面前他們可以將自己的情緒完全釋放出來。並且，芸樂還會給他們一些很中肯的建議。

一次，老闆帶著芸樂到外地去跟一個重要的客戶洽談生意。席間，老闆有事就先走了，留下了芸樂繼續跟客戶談專案。在這期間，芸樂很少說話，一直都在聽著客戶的要求和建議。

等到客戶將自己說的事情說完了之後，芸樂沉思了片刻，開口說：「王先生，對於您提出的那些要求，我倒是有些小小的建議，您看這樣……」

短短的一段話，芸樂就將客戶的疑慮和問題全都解決了，客戶很高興地和芸樂簽了合約。還直誇：「李小姐，前途不可限量啊，小小年紀就有這種魄力，後生可畏呀！」

在我們說話的時候，一定要各個方面都考慮周全了，最好可以一語中的，要知道，多說多錯，少說少錯，不說不錯。如果你身在職場中，說話一定要注意說到重點上才行，切忌多說，因為說多了，錯就多了，最終不僅暴露了自己的缺點，而且還不能讓對方領悟到談話的重點。

故事中的芸樂並沒有口若懸河，相反，她總是讓對方先說，因為她知道，多說多錯，不如讓對方說，在談話中及時發現問題，並把握住談話的主動權，這樣，一開口就能說到重點了。所以，最後芸樂不但得到了訂單，還將客戶的要求和問題也都解決了。

在陌生人面前，或者有智者在座時，如果話說多了，便是不打自招地暴露了自己的弱點，也失去了一個獲得智慧和經驗的機會。話要說得少而且說得好。因此，在我們的人生中，有兩種訓練是不可少的，那就是沉默與優美而文雅的談吐。如果我們沒有機智的談吐，又不會適時沉默，是很不幸的。我們常因說錯話而後悔，所以，當你對某事無深刻瞭解的時候，最好還是保持沉默！

例如在談判的時候，也許你磨破嘴皮也達不到預期的效果，因為你說的越多，錯誤就越多，對方就越不相信你，最後沒有達到預定的效果，但有的人不必大費口舌就能輕而易舉地說服對方，這是因為他們能夠抓住對方心理，把話說到對方心坎裡，他們常常不會說一些廢話，會說有用的話。

可見，多說話不見得對自己有利，有時「沉默」往往比「滔滔不絕」更有力量。這就需要你有一個睿智的大腦，要懂得「多說多錯，少說少錯，不說不錯」這個道理，這樣才可以博得別人的好感，才會給他人一種穩重、值得信任的感覺。同時，也避免暴露自己的缺點，可以從別人的口中獲得重要的訊息，進而達到自己的目的。

Part 2

世界上到處都是「聰明」的傻子

01 真正聰明的人懂得推功攬過

根據調查顯示，通常人們對於自我的評價都是高過實際水準的，這種某種程度上的「自戀」幾乎存在於每個人的身上。當幾個人把一件事情搞砸了，如果分別詢問其各自應負的責任，責任總和加起來肯定不到百分之百，甚至還可能互相指責；但如果一個事情辦得好，在論功行賞的時候，都會覺得自己是那個一錘定音的人物，理應受到最多的嘉獎。

會混社會的高手就會和大多數的人不一樣，他們懂得推功攬過，這樣的人，自然會受到大家的喜愛和支持。從輿論上對「高富帥」的調侃以及對「魯蛇」的推崇，我們不難得出一個結論：這個社會是不喜歡「集萬千寵愛於一身」的高富帥，而是喜歡生活化、普通化的魯蛇。

所以當我們勝過周圍的人，當我們認為自己的成功會招致嫉妒和怨恨的時候，自動地謙虛一番，感謝其他人在自己成功過程中的作用，以避免潛在的危險；而在他人有難的時候，我們及時站出來，替他人分擔點委屈，換來的必定是他人的感激。因此，有人說，推功攬過是一種真正的「攻心術」。

誠元從小接受的家庭教育就是「要多為他人著想」，所以他為人十分和善，處理問題是寧願自己的利益受損，也會考慮到別人的難處。

誠元所待的公司是一家紀律嚴明的企業，不過由於待遇優厚，還是吸引了不少年輕人前來實習或者工作。而畢業於一家不知名大學的欣柔透過了層層面試，有幸進入了實習期，因此她十分珍惜這次工作機會。

「新來的實習生，把這些檔案整理出來再交給我。」經理一揮手，欣柔趕緊三步併作兩步跑了過去，雙手接過了經理給的資料。回到座位上仔細一看，她的頭一下就大了，密密麻麻的資料讓她一時無從下手。這時誠元端著水杯走了過來，正好看到愁眉苦臉的欣柔，於是關切的問到：「怎麼了？」

「經理要我把這些檔案整理出來，我還真有些不會啊。」欣柔嘟著嘴抱怨著。

「沒關係，我來教妳吧。」誠元爽快的說，於是他先是以一份檔案作為樣本講解給欣柔聽，接著又爽快的拿走一部分檔案幫她整理。幾個小時過後，終於順利的完成了任務。

欣柔一臉感激：「誠元哥，真的很謝謝你的幫忙。」誠元揉了揉有些乾澀的眼睛，笑著說：「不會啦，舉手之勞而已。」

在欣柔將這些檔案交給經理過沒過多久，經理一臉詫異的從辦公室走了出來，逕自走到欣柔的位置上，稱讚到：「這個整理工作妳做得很好，實習生像妳這樣優秀的還真不多啊。」欣柔的臉有些紅了，正準備開口解釋是誠元幫忙弄的，誠元走了過來，對著經理說：「是啊，這小女生不僅有衝勁，工作也踏實，我們公司就是要多招募一些這樣的精兵強將。」欣柔感激的看了看誠元，因為她

自己心裡清楚這份工作對自己的重要性。

翻開古籍，我們可以看到這樣一句話「子曰：孟之反不伐，奔而殿，將入門，策其馬曰：『非敢後也，馬不進也！』」孔子在這裡為我們描繪了一個生動的戰場細節：在戰場上打了敗仗，哪一個敢走在最後面？，應該拼命向後跑才對。孟之反則不同，叫前方敗下來的人先撤退，自己一人斷後，快要進到自己城門時，才趕緊用鞭子抽在馬屁股上，趕到隊伍前面去，然後告訴大家說：「不是我膽子大，敢在你們背後擋住敵人，實在是這匹馬跑不動，真是要命啊！」孟之反善於立身自處，怕引起同事之間的摩擦，不但不自己表功，而且還自謙以免除同伴之間彼此的忌妒，避免麻煩。

誠元也是個這樣的聰明人，當經理轉身離開以後，欣柔站起身，真誠的說道：「誠元哥，謝謝你替我美言啊。」

「小事，小事。」誠元擺擺手，沒有太多的言辭，留給欣柔一個高大的背影，回到了自己的工位上，這下子更讓欣柔心生感激。

後來，欣柔順利的轉為正職了，而隨著工作中的接觸，她更加佩服誠元，將誠元當做自己心目中的「完美男人」來看待。而在年底的優秀員工評選中，誠元毫無爭議的以票選第一的身分獲得了這項殊榮。

在生活中，懂得推功攬過的人無疑受到人們的尊重，而那些有好處就雀躍爭搶，一出問題就避之不及的人，則被人們所唾棄。誠元如果將幫欣柔修改檔案的功勞攬在自己身上，其實也不見得能得到多大利益，但是做個順水人情，就能讓欣柔感激不盡。所以，誠元不僅是個好人，也是個聰明人。

人際關係處理好了，不僅工作效率能得到提高，還能大大提高你的生活品質。想成為人見人愛，花見花開的人際高手，就學會推功攬過的處事方式吧！

02 做人不要精明露骨

在社會上混，精明固然是個好事，但萬萬不可以精明露骨，這樣大家都知道你是個精明人，就會處處防著你。魯迅先生說：「人世間真是難處的地方，說一個人『不通世故』，固然不是好話，但說他『深於世故』也不是好話。」

你過於精明老道，就不容易獲得他人的信任與同情。「傻人」往往有「傻福」，生活中很多時候「不爭」是最好的「爭」，「不要」是最大的「要」，雖然「會吵的孩子有糖吃」，但他們畢竟不讓人喜歡。這種人得到的往往是暫時的，而失去的則是一輩子的。

公務員，在現代可說是鐵飯碗的代名詞，也是不少年輕人畢業時的就業首選。婷薇和子馨是明星大學同宿舍的室友，兩個人雖然關係不錯，但性格卻大相徑庭。

子馨個性外向，加上家境不錯，為人十分精明；婷薇性格比較內斂，和不熟悉的人往往沒有太多的話說，讓人覺得十分忠厚老實。畢業前夕，兩個人都報考了基層公務員，由於本身關係就不錯，現在又是同行，所以兩個人約定以後一定要保持聯繫。

從城市來到鄉鎮，對於子馨來說，實在有些難以適應，先不說硬體環境的缺失，光是那種滿懷雄心壯志，卻發現自己其實每天都在處理一些雞毛蒜皮的小事所產生的沮喪感都讓她快受不了，怎麼辦？只有一個辦法，調動！

子馨腦子一轉，有了這個想法，她開始打電話請家人透過關係，謀求調動。有了這個想法，子馨常常在同事面前表現出一副「小廟供不起我這尊大神」的模

樣，雖然主管和同事們表面上沒說什麼，但心中都看不起她，於是有些可以磨練的機會也不讓子馨去做，她有很多想法和意見也得不到大家支持。

而婷薇因為家境本身一般，所以抗壓性強了一點，看到發展規模遠遠不及城市的鄉鎮，她反而是感到一種責任感和使命感。並且她深深的感受到，正是因為落後，自己才有施展抱負的機會——什麼東西都到位了，自己還有什麼事情能做呢？於是她開始腳踏實地去實地的到處查訪，並深入基層去瞭解問題，也和同事一起想辦法解決鄉鎮百姓所碰到的實際問題，很快的，她就融入了當地人的圈子，深受大家喜歡。

後來，子馨的父母費了很大的功夫，也花了不少力氣才打通關係，讓子馨順利調到城市裡去，在子馨要走的那天，幾乎沒有人來和她告別，這讓平時性格外向的子馨有些莫名的難受，不過一想到這裡的環境，她皺了皺眉，毅然轉身離開了鄉鎮。而與此同時，婷薇卻已經和當地人們打成一片，在基層默默耕耘。

光陰荏苒，轉眼間，五年時間過去了。由於表現突出，而且本身能力也強，婷薇被單位上列為重點考察對象，並最終提拔成為組長，而她所在的鄉鎮，也因為這幾年的不斷發展，環境上有了很大的改變，也不再像以前那樣落後和貧窮。

想起子馨，她搖了搖頭。原來，兩人剛剛才通過電話，子馨雖然被調到市區，但由於市區裡關係太複雜，加上她是個新人，又喜歡炫耀，所以完全沒有鍛鍊和施展自己的機會，甚至還遭人排擠，所以如今還在原地踏步。子馨甚至在電話裡說，自己已經準備辭職去經商了。

子馨和婷薇兩個人都不笨，最後事業的發展卻大相徑庭。兩個人的區別就在於子馨太過於精明，太在乎當下的得失，並且過早在同事們之間暴露了自己的意圖，引起了同事們的不滿，最終因小失大；而婷薇卻懂得小地方有小地方的好處，更能展現自己的價值，所以最終得到了上級的認可和人們的尊敬。

為人處事，一個人若是精明過頭，太過露骨，事情就變的複雜，反而會傷害自己。雖然我們常說「謀定而後動」，但是想得太多，考慮的太過周全反而不好，因為事事難料，有些時候還是要順勢而為，總想眼前的一畝三分地，或許就會丟掉遠方的良田萬頃。

當然，精明的人要讓自己表現成為「不精明」，「不露骨」，那也不是一件

容易的事情。鄭板橋早就說過：「聰明難，糊塗難，由聰明轉入糊塗更難。」這都需要我們在生活中慢慢體會。

一個低調不張揚的人，不但到處受人歡迎，而且會完美的保護自己；而一個喋喋不休者，像一艘漏水的船，每一個乘客都希望趕快逃離它。同時，多說招怨，瞎說惹禍。山不宣揚自己的高度，並不影響它的聳立雲端；海不宣揚自己的深度，並不影響它容納百川；地不宣揚自己的厚度，但沒有誰能質疑它的博大。而擁有大智慧的人，從不宣揚自己的能耐，也沒有任何人敢小覷他們的存在。

03 絕不吃虧是蠢材

吃過晚飯，創世紀公司董事長老李按照慣例，戴上了老花鏡，翹起二郎腿，拿起了今天的晚報，開始瀏覽新聞。很快，他的視線被一條新聞鎖定住了：「五年前某公司一位年輕技術員，刻苦兩年開發出的技術專利，被該公司技術主管無恥竊取，技術員據理力爭，飽受打擊迫害，如今方才得以昭雪……」

老李歎了一口氣，思緒一下被拉回到了三十多年前。那個時候，百廢待興，

二十多歲的老李剛從學校畢業，被分配到了一家科研所工作。他胸中充滿豪情，他立誓要在現在的工作崗位上做出一番成就出來，於是他頂著酷熱寒暑，勤耕不輟，一年半的時間過去了，他終於設計出了一台在當時具有領先水準的減速裝置。

然而這份欣喜很快就被不平所代替，老李的頂頭上司，研究所的所長為了獲取名譽，利用手中的職權對老李恩威並施，原來他也看中了老李的這項技術，並想要以技術主要發明人的身分自居，而他給老李開出的條件便是利益共用，可以給老李加薪和提拔他成為科長。

老李心中的鬱悶可想而知，因為所長拿走屬於自己的榮譽，必定可以出盡風頭。在家裡蒙頭睡了三天以後，他還是故作爽快的答應了所長的要求，於是，所長的大名出現在了報紙廣播之中，而老李也在所長的「關懷」之下被提升成為了科長。

禍兮福之所倚，福兮禍之所伏，生活裡的事情就是如此，所長畢竟心中有愧，於是在工作上對老李是大力支持，而老李也漸漸成為了行業裡的技術精英，名氣也漸漸大了起來，後來他帶著一身技術下海經商，創立了創世紀公司，事業也越做越大，終於取得了今天的成就。

再看看報紙裡那個年輕技術員的遭遇，老李不禁長歎一聲：「哎！因小失大，因小失大，不划算啊！現在的年輕人，太沉不住氣了！」原來，乍一看，老李是吃了天大的虧，但其實仔細一想，老李還是獲得了更多的實在的東西，成為科長以後，作為一個技術負責人，他就有了更多的權力去組織和研究課題，因此能夠最大限度的去實現自己的理想，獲得更多的成就；而且在所長的照顧下，他很快從一個一文不名的毛頭小子成為了行業出名的技術人員。

有了技術，也就有了創業的底氣，可以說，當時的「吃虧」間接的成就了他。而報導中的年輕人，顯然沒有老李的智慧，而是和自己的領導人對抗，結果自然是不言而喻，雖然最後算是勝利了，但是付出的時間成本和代價實在是太沉重了。

在的日常生活中，「公平」是我們最經常提到的詞彙，因為公平是這個世界最重要的法則之一。然後，所謂不偏不倚的公平，在如今的社會中是很難實現的。這個不用多說，大家每天閱讀新聞都會發現，無數的潛規則、不公平的事情

發生在我們周圍。

作為一個社會個體，我們不要想著去做挑戰風車的唐吉可德，因為你一個人是無法對抗這樣的不公平，你只有去適應這個社會，而不是讓社會適應你。我們要明白，在這個社會上，強求公平是一種不成熟的表現。有時候為了更遠的目標，吃點虧，忍辱負重也是值得的。

如果凡事精打細算，奉行絕不吃虧的信條，必定會被現實撞的頭破血流。面對弱肉強食的世界，我們的內心必須有一個好的心態，學會吃虧，學會容忍暫時不能改變的現實。「忍人所不能忍，成人所不能成。」成為「聰明」的傻子，吃一些小虧，為將來的發展埋下反擊的伏筆，才是我們應該做的。

04 不露聲色，做人才能出色

養過狗的朋友都知道，喜歡吠的狗不會咬人，咬人的狗都是不吠的。其實，打個不恰當的比方，人也是一樣，真正危險的人都是不露聲色，讓人看不穿心思的人。因此，一個鋒芒畢露的人，雖然外表看起來氣勢洶洶，但是並不可怕；而那些沉默寡言，泰山崩於前而面不改色的人才往往是讓人最為忌憚的高手。

家佑在某集團當老闆助手也有三年了，因此平時和老闆接觸的時間很多。在

很多員工看來，老闆每天悠哉悠哉，過著輕鬆愜意的生活，不過家佑卻不這麼認為，他發現自己的老闆其實是一個心思縝密，不露聲色的人。

在公司，號稱有兩大天王，俊峰和德平，他們都是老闆的重臣，各自帶領一個團隊，在公司有著舉足輕重的作用。有鬥爭的地方就有江湖，一山不能容二虎，兩個人總是明著暗著較著勁。以前還好，井水不犯河水，兩個人的隊伍也沒有太大的矛盾，但隨著銷售總監這個位置空缺出來，公司裡的火藥味更足了。

不過最近，老闆很明顯地親近俊峰，對德平顯然沒有那麼親密。下班以後，老闆有時會和俊峰去咖啡廳，談談足球、談談政治；而老闆卻似乎和德平不存在私下的交往，對於德平出色的業績，老闆也沒有特別的讚許。甚至在開銷售大會時，俊峰發言，老闆也默不作聲，彷彿他說的字字是珠璣，讓俊峰一臉得意；至於德平，雖然說得頗有道理，但老闆頻頻發問，把他折騰得一頭大汗。

「春江水暖鴨先知」，俊峰得勢的消息一下在整個公司裡傳開了，俊鋒麾下的人也都洋洋得意，覺得銷售總監的位置，俊峰是穩操勝券了。

俊鋒也比以前囂張了許多，甚至開始干涉德平手裡的業務；反觀德平，雖然倍感壓力，但他堅持認為，業績才是一個銷售總監的成績單，只要做出好業績，就不愁老闆不器重自己。不過面對公司的這些暗流湧動，老闆卻不為所動，似乎絲毫不以為意。

這樣的日子很快就過去了，年終考評的結果讓所有人跌破眼鏡，德平的分數居然要比俊峰高！這就意味著，老闆心裡對德平的認可程度超過俊峰，同時也意味著銷售總監的位置是要讓德平來坐了。不過老闆同時也犒賞了俊峰，有一個去美國受訓的機會，老闆欽點的是俊鋒。誰都知道，老闆這個麼做是要讓俊峰不至於離職或者跳槽，達到安撫的作用。

作為老闆的助手，家佑也有點丈二金剛摸不著頭腦，這究竟是怎麼回事呢？不過，隨著時間的流逝，家佑稱，自己終於悟透了老闆的「哲學」，老闆這是在考察員工，他對俊鋒熱情，故意冷落德平，同時觀察俊鋒和德平的表現，結果一個人輕狂得意，一個人繼續踏實工作，老闆的心中有桿秤。對誰要求嚴，就是在培養他；如果老闆不是很欣賞那個人，就會對他「相敬如賓」。

「仔細一想，老闆才是不露聲色的帥才啊。」家佑衷心佩服的說。

不動聲色，冷靜觀察，老闆就這樣默默注意著自己兩大愛將的行為，心中自然也有了分寸和想法，這樣的性格與做事風格，無疑是讓人感到深不可測。同樣的，面對老闆的冷淡，德平也選擇了埋頭工作，用業績來證明自己，而不是去找老闆理論或者放棄對自己的要求。因此，德平其實也是一個心裡有數的人，能夠在逆境中不影響自己的工作，這樣的人就算真的不被老闆賞識，他日也必能成就大業。

將心裡所想的事情表露在外表的人，一眼就能被他人看穿，絲毫沒有祕密可言。能夠沉得住氣，懂得藏匿心性的人才，無疑在任何地方都受人尊敬和信賴。

05

在朋友面前低調慎行；在敵人面前收斂鋒芒

志雄在公家機關工作，隨著工作時間的推移，他漸漸對這種一成不變的生活感到厭倦，那顆不安分的心又開始跳動起來。創業！這個念頭一旦產生，就不可抑制的漸漸占據了他的腦袋。說做就做，他很快辦理好了手續，開始了自己的創業之旅。

創業就需要錢，志雄自己一個人的積蓄顯然是不夠的，他想到了自己的朋

友。說起這些朋友，中間還有不少故事。他們都是大學時期的室友，雖然畢業後分散到這個城市的各行各業，但大家還時常有聯繫。而且志雄雖然在公家機關上班，在單位也是一個不大不小的官，辦事雷厲風行，毫不含糊，但和這些朋友待在一塊的時候，志雄總是收斂住自己的「官氣」，和學生時代一樣樂呵呵，隨和而且幽默。於是朋友們也沒覺得志雄有什麼改變，關係自然還是和大學期間一樣融洽。

找到了這些朋友，大家對志雄辭職的事情雖然感到很詫異，不過都紛紛表示支持他創業的行動，志雄為朋友們詳細講解了自己的創業計劃，並告訴朋友們，現在投資會多久之內得到返還，以及風險問題。朋友們拍著志雄的肩膀告訴他，一定會挺他。沒過幾天，志雄就籌集到足夠的資金。

這樣，志雄的公司也就成立起來了，規模雖然小，但是在志雄精心打理下，也漸漸有了一個比較好的收支循環。然而有天，志雄公司裡來了一個不速之客，那就是志雄在以前部門的死對頭，老張。兩個人以前有些明爭暗鬥，雖然沒撕破臉，不過都心知肚明。老張現在手握一點實權，倘若存心找碴，還真是不好應付。於是，志雄一看到老張，便愁眉苦臉的說：「老張，日子不好過啊！」

老張看著這個昔日的死對頭苦瓜一樣的臉，心中有些幸災樂禍的暗喜：「志雄啊，早就要你別辭職，你看看，現在這事弄的……」「是啊，您看，我這就是典型的沒事找事。」說完，志雄拿著杯子轉身來給老張泡茶，趁這個機會，老張環視了一下這個狹小的辦公室，微微的皺了皺眉頭，這和自己的辦公室可差太遠了。

「老張，以後我要是想回原來單位，到時候你得替我美言幾句啊！」志雄似乎有些無奈。

「以我們兩個人的關係，還說什麼啊！」老張眼睛一瞇，假裝十分仗義的說到。兩個人又東聊西扯了一會兒，老張這才揮手道別。

「這小子，我還以為他會弄多大的陣仗，居然混的這麼灰頭土臉，真是活該啊！」老張面對這個以前的老對手，心裡暗暗的說道，心滿意足的離開了志雄的辦公室。志雄看著老張得意的離開，心裡懸著的石頭也下了地，他瞭解老張的性格，知道老張覺得自己混得不如意，也就高興了，必定不會再刻意來為難他。就

這樣辛苦運營，耐心琢磨，志雄的創業之旅也終於進入了正軌，事業發展的也是越來越好。

志雄的裝傻示弱，看似愚笨，實則聰明，人立身處世，不矜功自誇，可以很好地保護自己。每個人都有每個人的優點和缺點，這一點是毫無疑問的；而人活在這個世界上，必定有朋友也有敵人，這一點也是毫無疑問的。想要在人生旅程中少走彎路，就必須學會在朋友面前，深藏不露，低調慎行；在敵人面前，學會裝傻充楞，收斂鋒芒。這樣，你在朋友圈裡可以博得別人的好感，不會引起朋友之間不必要的妒忌和誤會；而在那些仇視你的對手面前，故意示弱，明修棧道，暗度陳倉。

在朋友圈子裡，人們不管本身是圓滑機巧還是忠厚老實，幾乎都喜歡那些看起來傻呵呵，沒有心機的人；而你潛在的對手或者敵人，也往往會因為你的示弱而放鬆警惕。人生在世，要學會裝傻，懂得隱藏自己的「巧」，學會做一個大智若愚的人。

06

責己要厚，責人要薄

人不可能離群索居，彼此相處，就算人人都心地善良，也難免會發生碰撞和摩擦，比如朋友間的誤會，同事間的糾葛，鄰里間的紛爭，夫妻間的爭吵……所以說矛盾是無處不在的。有了矛盾，關鍵是如何面對現實，化解矛盾。

有竅門嗎?有，唯一的竅門便是責己要厚，責人要薄。多寬容他人的難處，多想想自己的過失，不去逞強鬥狠，你會得到安然、寧靜、和諧與友好，不僅他

人開心，自己也能每天心情愉快。

李醫師是某醫院的急診科醫生，為人樂善好施，精通醫術，面對上門求醫問診的人，無論貧富，他都一視同仁，對於那些不是十分富裕的病人，他總是開一些又經濟又實惠的藥品，如果病人特別可憐，李醫師甚至還會偷偷塞給他們一些錢，以解燃眉之急。

在一個寒冬下著大雪的深夜，李醫師忽然接到了一個出診電話，電話裡的聲音很慌張：「我的孩子上吐下瀉，病的很嚴重，醫生請你們快過來，我們家地址是……」接完電話，李醫師和自己的助手便坐著救護車匆忙趕往病人家中。

呼嘯的寒風，鵝毛般的大雪，讓整個街道顯得陰冷異常。正當救護車匆忙的行駛到快到達目的地時，救護車卻熄火了，司機下車手忙腳亂的弄了半天，車子就是無法發動。

「怎麼辦？李醫師？」隨行的護士一臉慌亂，這個時候立刻再從醫院調車過來，時間會拖太久。

沉吟了片刻，李醫師露出了堅毅的表情，吐出了幾個字：「我們先走過去！

病人在著急等待我們！小趙，你從醫院調到車後再快點開過去。」於是，李醫師和護士跳下了車，在風雪中艱難的向前方走去。

兩個人就這樣蹣跚的走了接近二十多分鐘，終於抵達了病患的家裡。然而剛一打開門，卻迎來一陣怒斥：「醫生，我兒子都快虛脫了，你們怎麼現在才過來啊？你們是什麼救護車啊，這都過多久了！」面對家屬的詰難，李醫師沒有吭聲，而是問到：「孩子在什麼地方？」

順著家屬手指的方向，李醫師和護士打開急救箱，對著已經難受到說不出來話的孩子進行緊急處理。

「是食物中毒……」李醫師皺了皺眉頭，焦急的母親這個時候更是急的如同熱鍋上的螞蟻，抱怨和嘮叨也是不斷從嘴巴裡冒出來，時間似乎也在此刻凝結了。

李醫師立刻拿出手機，聯繫了司機小趙。還好，小趙已經從醫院調到新車，就快趕到了。李醫師立刻抱起奄奄一息的孩子，快速往樓下奔去，一行人急忙跑上了救護車，風馳電掣的向醫院趕去。

直到早上孩子才脫離危險，這時無論是醫護人員還是患者家屬，才深深地鬆了一口氣。而此時家屬才從護士口中得知，昨夜要不是李醫師當機立斷，涉雪徒步走了二十多分鐘，這孩子的情況究竟會演變成什麼樣子，就很難說了。

孩子的母親羞愧的走到李醫師面前：「醫生，昨天我態度很不好，還罵了你們……今天知道昨天要不是您，現在孩子就……」

李醫師揉了揉太陽穴，微笑的說到：「昨天確實是我們醫院的問題，如果不是車突然壞了，我們可以更快的趕到你們家。而且孩子是父母的心頭肉，我能理解妳當時的心情，現在孩子脫離了危險，真是讓人高興啊！」

後來，孩子的母親送來了一面匾額，感謝李醫師的妙手仁心，而李醫師的美名更是被越來越多的人知曉了。

面對他人的誤會，面對自己的努力沒被人承認，任何人心中都會充滿怒氣和怨氣，但是李醫師沒有浪費口舌來辯解，而是先去視察病人的情況，醫德可見一斑。而在家屬獲悉真相之後，感恩戴德之際，李醫師還能保持謙虛有加，絲毫沒有趾高氣揚的神態，只是把這當成做人的本分，認為只是理所當然做的。

在現實生活中，誤解和仇恨似乎常常充斥在我們四周，疏通的願望我們都有，然而很多時候，我們缺乏寬容的力量，將這些問題統統打成了死結，這是一個悲劇。負面情緒是可以傳遞的，一旦誤解產生，有時候不僅讓當事人雙方過的痛苦，甚至還會讓更多的人捲進來，「踢貓效應」便是最好的一個例子。

你是想選擇美滿的生活，還是天天爾虞我詐的生活？如果是想要前者的話，就按照文中的辦法去做吧，你會發現，你的生活會悄然發生改變。

07 別人對你越壞，你要對他越好

生活中常有的是以德報德、以怨報怨，尤其是「以牙還牙」、「君子報仇十年不晚」、「人不犯我我不犯人，人若犯我我必犯人」等話語經常被端上檯面，甚至不少人被救後，反誣見義勇為者為肇事者，硬要賴人家醫藥費等以怨報德的尷尬事，這幾年也頻見於媒體或傳聞。

寬容禮讓、以德報怨的道理似乎已被人遺忘或主動拋棄，真的是越來越罕見了。也難怪有人高呼，這是一個鐵血的時代。

辛雅和秋元是住在星河社區的一對夫妻，夫妻兩人不僅為人隨和，而且平時喜歡做善事，信奉「日行一善」的信念，因此很有人緣。

一個星期一的下午，秋元開車接辛雅回家，剛掏出鑰匙就發現大門居然是虛掩著的，秋元推門一看，原本整齊的家裡已是一片狼藉。

「快報警！」辛雅捂著嘴，似乎還有些不敢相信眼前發生的事實。

一清點，家裡不僅筆記型電腦、手機等財物被偷了，甚至連身分證這種物品也被小偷一掃而空，這可說是會給工作、生活帶來極大不便。秋元皺著眉，對小偷的怒火一下子就上來了。

過了幾天，正在上班的秋元忽然接到了派出所打來的電話，原來，這個竊賊剛剛在盜竊的過程中被周圍群眾發現，逃跑時還摔傷了腿。

在醫院裡，警員對他進行偵訊後，他老實交代了自己這段時間的犯罪事實，承認自己就是偷竊秋元家的小偷，值得一提的是，這個小偷年紀未滿十八歲，算是個還沒長大的孩子。

聽到這個消息，秋元之前那憤懣的心情似乎一下消失的乾乾淨淨。他打了個電話給妻子，講述了一下事情的情況，然後用商量的口氣詢問到：「我們去醫院看一下這個小偷好嗎？」

「去看他？」辛雅有些驚訝，不知道丈夫葫蘆裡賣的是什麼藥。只聽電話那頭秋元柔聲說道：「這次我們的財物能找回，我覺得這就是老天給我們平時做善事的獎勵，我們不是說要日行一善嗎？如果我們能讓這個小偷改過，這會是多麼大的一件功德啊！」

辛雅思考了一下，答應了丈夫的要求。於是他們不但沒有義憤填膺上門發難，反而提著一些吃的到醫院探望，安慰並鼓勵嫌疑人知錯就該重新做人。面對善良的辛雅、秋元夫婦，小偷終於受不了良心的譴責，留下了悔恨的淚水。

曾經有大師說過，其實最好的報復就是以德報怨，寬容有比責罰更強烈的感化力量。寬容更能使正義者顯示出正義的自信，也可使偶爾犯奸者因羞愧而自責而改正前非。怨怨相報何時了，心胸開闊才能使世界不那麼擁擠，於人於己於整個社會都有益。

幾年後，正在外地遊玩的辛雅、秋元夫婦倆意外的碰到了這個年輕人，此時的他已經開了一間早餐店。幾乎是同時，這個年輕人也看到了他們夫婦倆，他趕緊跑出了自己的店，握住了秋元的手，表達自己心中的感激。

原來從少年監獄出來以後，他決定痛改前非，現在不僅有了妻子，生活也走上了正規。秋元夫婦二人也有些百感交集，為自己當年的一個善舉接下的善果感到高興。彼此留下了聯繫方式後，這個年輕人逢年過節都會專程去拜訪秋元夫婦兩人，並將他們當成自己的恩人。

以德報怨是優良傳統，但此傳統能否繼續傳承下去已成問題。少，才顯得珍貴。如果你擁有了這樣的品質，你收穫的不僅是他人的讚賞，還有無數人發自內心的祝福。一個心胸豁達的人走到哪裡都會有良好的人緣，都會有朋友的說明，這樣的人如果想做一番事業，何愁大事不成？

08 做塊墊腳石又何妨

一個人若只顧自掃門前雪，不管他人瓦上霜，把幫助別人看成是「自找麻煩」、「自討苦吃」，是很難結交朋友的。而且這種人通常也不可能會攀爬得很高，因為一切有利的途徑都被自己堵死了。

拓展人際關係的一大法寶就是伸出熱情的手，去幫助和關懷別人，因為我們的幫助，不僅能助人一臂之力，能給對方帶來力量和信心，也能使自己從中收穫一份更為堅實的友誼。另外，別人對你也定會有「滴水之恩，當湧泉相報」的感激。

立安是一位既聰明又勤奮的年輕人，年紀輕輕就成立了自己的公司。在他的努力下，公司漸漸開始有了名氣，財富也接踵而來，辦公室擴大了，公司的職員也增加了不少。然而在一次重大投資上，立安的公司出現了誤判，損失慘重，立安為了彌補資金缺口，還將自己的房子抵押了出去。為了維持公司的運營，立安只好去尋找投資商，爭取依靠引進投資來緩解資金壓力。

正在焦頭爛額之際，立安忽然接到了一通電話，不接不要緊，一接嚇一跳，居然是一家很投資公司的投資經理打過來的，而且聽他的口氣，對立安充滿了肯定和讚許。立安有些丈二金剛摸不著腦袋，這個投資公司的經理怎麼會認識自己的？兩個人約好去一家咖啡廳面談後，便掛斷了電話。

到了咖啡廳，兩人寒暄一番之後，立安向投資經理提出了自己心中的困惑，只見這個投資經理哈哈一笑，問到：「你還記得鷹爾公司嗎？」「記得，我曾經去這家公司應徵過。」「那你還記得順位在你後面的那個競爭者嗎？」

一說起這個，立安想起來了，「你就是當時那個和我一起競爭投資部職位的那個人？」

「沒錯。」這個投資部經理又笑了。「當時我本來已經沒希望了，沒想到你忽然放棄了這個職位，還專門打電話跟我說，要我繼續去找人事部面談，本來我已經放棄了，接到你的電話，我才馬不停蹄地去找到了人事部，她們也對你突然放棄，感到很愕然，於是讓我接替了你的位置。後來我累積了經驗，又跳槽到了現在的公司，還當上了經理。要不是你當時打電話給我，鬼知道我現在會在什麼地方呢！」

原來當時立安臨時決定去創業，所以放棄了職位，不過在面試的時候和現在這個投資部經理人有過交流，覺得他人還不錯，於是把自己退出的消息告訴了後者。這件事已經過了七、八年，立安自己都忘記了。

「所以，當我從圈子裡知道你需要融資的時候，我決定來報恩！」投資部經理喝了一口茶，感激地看著立安，「如果沒有你當時的成人之美，又何來今日的我呢？」

喬治馬修．阿丹曾說：「幫助別人往上爬的人，會爬得最高。」如果你幫助其他人獲得他們需要的事物，你也能因此得到想要的事物，而且幫助得愈多，得到的也愈多。

有時候幫助別人，其實就是在幫助自己。佛家經常說善因種善果，在你每天遇到的人中，肯定有一些人有能力幫助你提高你的事業，改善你的命運。只要在他們需要幫助的時候，你伸出自己的援助之手，你的命運就可能因此改變！

在這個商品經濟時代，越來越多的人表現出自私自利的人性弱點，有人甚至為了自己的利益，不惜損害別人的利益。我們應該明白，誰都不知道將來會需要誰的幫助，與人方便，自己方便，何樂而不為？

患難中的真情讓人尤其不能忘記，別人除了心中漫漫的感激之情外，你還會收穫一份充滿信任的友誼，幫助別人往上爬，給別人當當「墊腳石」，你也能爬得更高。

09 人都是趨吉避凶的自私鬼

柏楊先生針對世情曾說過這樣一段話：「人不炎涼不世情，一個充滿了勢利眼的社會，固然使人心寒，但一個完全沒有勢利眼的社會，也會平淡枯燥。歷史上沒有奸邪，哪能顯出忠貞？沒有勢利眼，又怎麼顯現出道義美德？

在人生道路上，每一次挫折，都是一次友情篩檢，經過風浪而仍保持友情的朋友，才是真正的朋友。世界上從沒有發生過，當一個人受到挫折時，朋友陣容能夠原封不動。『一貧一富，乃見交情；一貴一賤，交情乃見』這是千古定律。」

澳門大富豪何鴻燊在小時候，突然家道中落，年少的何鴻燊無法接受卻又不得不面對這冷酷的現實。想當初，衣食無憂，進出都有僕人侍候。現在父親、哥哥流亡南洋，家居陋室，空空蕩蕩，彷彿天都塌了。

這一切都壓在母親柔弱的肩上，母親和姐姐常為柴米油鹽的事小聲嘀咕，一家人憂柴憂米、憂穿憂用，這種情緒也傳染給了最年幼的何鴻燊，他常常擔憂：老鼠偷米；第二天沒有米下鍋；不能去上學。

晚上躺在硬板床上，望著母親憂鬱的神色、簡陋的傢俱，腦海裡就浮現出富麗堂皇的洋房、餐桌上的美味佳餚、成群的奴僕。他那時還傻想，如果父親和哥哥回來，就會把富貴榮華帶回來。

讓何鴻燊最不堪忍受的，是原來那些親戚見何家財大勢大，見了何家人總是恭恭敬敬、低眉順首；現在他們對何鴻燊一家避而遠之，見到何鴻燊還擺架子，甚至百般嘲弄。曾有這樣一件事情：一次，何鴻燊牙齒被蛀爛，需要補牙。正好他家一個親戚是牙醫，過去常常往來，每次來何家都要逗何鴻燊開心。何鴻燊就

去他的牙科診所，做牙醫的親戚正閒著，蹺著二郎腿坐在旋轉椅上，沒有起身，愛理不理的。

「來這裡做什麼？」

「牙壞了，想補牙。」

「身上有錢嗎？」

「沒有錢。」

牙醫親戚笑起來。何鴻燊不懂世事，不知他問這些幹什麼。以前何鴻燊來他診所玩，他都主動為何鴻燊檢查牙齒，還說了許多保護牙齒的知識，從來沒有提過錢的事。何鴻燊正納悶，牙醫親戚怪聲怪氣地說道：「沒有錢，走吧，補什麼牙？乾脆把牙齒全部拔掉算了。」何鴻燊瞠目結舌，想不到親戚會變成這個樣子！何鴻燊不禁淚如泉湧，轉頭就走。回到家裡向母親哭訴，母親也傷心地流淚，母子兩人抱頭痛哭。

這件事給何鴻燊很大的刺激，使他從富家子弟的舊夢中徹底清醒過來。

多年以後，成為巨富的何鴻燊回憶辛酸的往事，仍恨得咬牙切齒：「想不到人窮，親戚便如此勢利。」經過家境變故後，何鴻燊一家人都感覺到人情冷暖，母親更是終日以淚洗面。何鴻燊於是下決心要爭一口氣！父親破產之前，何鴻燊在香港名校——皇仁書院讀書。他是出名的公子哥，淘氣的把戲沒人比得過他，讀書就大為遜色，學業太差，被分在放牛班。過去家中富有，成績再差也可以讀下去。現在家裡朝不保夕，僅靠母親打工賺取微薄的生活費，哪裡還有閒錢為兒子繳學費。

一天，母親把何鴻燊叫到跟前，鄭重其事地指出兩條路供他選擇：一是退學，幫家裡賺錢；二是靠拿好成績獲取獎學金，否則，家裡無法保證昂貴的學費。何鴻燊不禁想起做牙醫的親戚，想起了家庭變故，便選擇了第二條路。家窮促使他早熟，他明白窮人只有靠讀書方可出頭。

何鴻燊發憤苦讀，到學期末，成績居D班第一，這個成績，在A段班也能排中上水準。何鴻燊如願以償獲得獎學金，開創了皇仁書院D班獲獎學金的紀錄。以後，何鴻燊年年都獲得獎學金。之後，他又以優秀的成績考入香港大學，並獲得獎學金。

一九四一年香港大學理科學院肄業後，來到澳門，進入澳門聯昌貿易公司工作。因一口流利的英語，他在公司擔任了祕書職務。何鴻燊的記憶力非常出眾，當時澳門的兩千多個電話號碼他能倒背如流，再加上善於察言觀色，周旋四方，他很快成了這家公司的得力愛將，並為公司立下汗馬功勞。並從此步步為營，成為澳門一代賭王。

世態炎涼，是我們必須面對的現實。正是在這一千古定律之中，我們體驗了世間的冷暖，看清了許多人與事。在變幻莫測的人世間，我們永遠無法預測將來會遇到什麼人，會發生什麼事。當世道艱難的時候，也許人們迫不得已，但是有些人或許本來就是牆頭草，他們永遠見風使舵。在你春風得意的時候，為你喝彩，不惜犧牲自己的尊嚴；在你遭遇挫敗的時候，他們跟著落井下石，轉眼就成陌生人。

所以，在生活中，要擦亮自己的雙眼，學會識別周圍的朋友。並且學會給自己打上一針「預防針」，當真的遭遇這些「趨吉避凶的自私鬼」時，能夠淡然一笑，笑看人生。

10 說出的話有多難聽，嚥下的虧就有多難吃

在工作中，同事是接觸最密切的人，可以說，同事是抬頭不見低頭見的人，能擁有和諧美好，類似家庭一樣的工作氣氛，是一件很愉悅的事情。

然而，同事畢竟和朋友不一樣，在日常工作中，朋友能多一份擔待，能承受多次誤解，這是因為朋友之間畢竟不存在利益競爭，所以能冷靜處理。然而同事之間卻往往有著利益衝突。在職場中，搞好同事關係並不難，最簡單有效的方式

就是學會讚美別人，讓你的同事感到你認同他，欣賞他，久而久之，大家都願意和你交往。反之，如果一個人說出去的話難聽，語中帶刺，大家都會討厭他，最後沒有人願意和他為伍。

麗萍和欣穎都是剛畢業的大學生，也一起進入了一家文化傳媒公司，他們的主管平瑞是一個只有大專學歷的中年人，不過由於在公司創立時便任職了，而且為人積極努力，所以還是被老闆所信任。

麗萍和欣穎兩個人性格各異，前者為人比較刻薄，而後者是一個比較乖巧的女孩。麗萍覺得自己樣貌、學歷各方面都是公司裡的佼佼者，所以常常看不起包括平瑞在內的其他同事，動輒以自己見過世面的人自居；而欣穎則非常會說話，常常逗的同事們哈哈大笑，對於學歷和本領不如自己的平瑞也非常尊敬，所以大家都很喜歡和她一起做事。

一次，平瑞剪了一個新的髮型，看著鏡子裡的自己，他有些不滿意，而來到公司的時候，心裡也在想是否會被同事們取笑，正在忐忑著，麗萍一下走進了辦公室，看到平瑞的髮型立刻噗嗤的笑了出來，嘻嘻哈哈的說到：「王哥，你這頭髮怎麼弄的啊？看起來好好笑喔。」說完就走開了。

這讓平瑞臉一下紅了起來，後來看到欣穎也信步走了過來，沒辦法，只有硬著頭皮尷尬的打了一個招呼。誰知道，欣穎一臉驚訝：「王哥，換髮型了啊，年輕和有精神多了啊！」「是嗎？」聽著欣穎甜甜的話語，看著她臉上的真誠，平瑞感覺心裡舒服了很多，「呵呵，是啊，因為和你們年輕人在一起工作，我也與時俱進嘛！」「是的，您換這個髮型特別有精神呢。」

兩人寒暄了一會兒，等欣穎進入辦公室後，平瑞已經對自己的新髮型重拾信心，去洗手間對著鏡子一看，自己也覺得順眼了許多。

沒過多久，上級領導準備從麗萍和欣穎之間挑選一個人作為公司重點培養對象，於是來諮詢平瑞的意見，平瑞很快給出了答案：「我覺得欣穎這個女孩子不錯，不僅工作細心努力，而且很容易相處。」於是，欣穎很順利的得到了更多的鍛鍊，沒過幾年就成為了公司的骨幹，而麗萍始終原地踏步，最後只有鬱悶的辭職了。

即便與工作沒有關係，讚美和肯定同事，也能夠成為你與他增進關係的機會，特別是他人有些尷尬的時候，你能不吝惜你的讚美，對方一定會有「受寵若驚」的感覺。麗萍不考慮平瑞本身年紀大，學歷低有些自卑的感受，肆意開玩笑，自然讓平瑞不快，而欣穎的讚美則讓平瑞感到心情舒爽，情緒大好。小事欣穎都能如此討人歡心，更何況更大的事情上呢?所以要平瑞推薦候選人，答案自然不言而喻。

當然，讚美人不等於阿諛奉承，只有這樣的基礎，我們讚美別人才會顯得自然和真誠，而不會給人虛假和牽強的感覺。

11 留餘地才能從容轉身

把話說的太滿，就像把杯子倒滿了水，再也倒不進一滴水，再倒就溢出來了；也像把氣球充滿了氣，再也充不進一絲的空氣，再充就要爆炸了。杯子留有空間就不會因加進其他液體而溢出來，氣球留有空間便不會因再充一些空氣而爆炸，其實人際關係也是如此，說話辦事要留有餘地，凡事不要做到太「絕」，這樣便不會因為「意外」出現而下不了台，殃及自身。

凡事有度。做事一定要留有餘地。其實古人早就告訴了我們這個道理：「不焚林而獵，不涸澤而漁」。曾國藩說：「凡事留餘地，雅量能容人。」巴爾塔沙・葛拉西安在《智慧書》中寫道：「把對的推向極端，它就成了錯的；把甜橙的汁水榨於，它就成了苦的。即使是賞心樂事，也絕不要走極端。思想敏銳得過了頭，就是遲鈍；牛奶擠得太多，最終擠出的是血，而不是奶。」

一個人的真正聰明之處，就在於他能夠認識到自己的渺小。只有先打量自己，才能糾正自己。那些經歷過生活滄桑的人才明白，沒有真正天下無敵的人，只有學會給別人留有餘地，才能在自己不至於太難堪和被動。

交往說話的時候，要多使用模糊語言，才能夠不給別人攻擊的空間，如果話說得太滿，就不免被人有機可乘。最著名的就是「自相矛盾」的例子：

賣兵器人說：「我的矛是世界上最尖銳的，什麼盾都能攻破。」

「我的盾是世界上最堅固的，什麼矛都刺不穿。」

最後被別人抓住了把柄：「以子之矛，攻子之盾呢？」

搞得這個人滿面通紅又尷尬。如果他說話不是那麼滿，就有自圓其說的餘地，也不至於到最後自己下不了台。所以，許多名人在面對記者的詢問時，都愛用這些字眼：如可能、儘量、或許、考慮、評估、徵詢各方意見……這些都不是肯定的字眼。他們之所以如此，就是為了留一點兒空間好容納「意外」；否則一下子把話說死了，結果事與願違，那不是很難堪嗎？普通人與人交往時，最好也應用好「我試試」、「我儘量」這些可以隨機應變的、有餘地的語言，否則就會讓人覺得你不可靠，給別人留下說大話、不守諾的不良印象。

給別人留有餘地，還有一層意思，就是無論在何時、在何種情況下，都不宜把別人推向絕路，萬不可置人於死地，否則別人就會做出極端的反抗，這對雙方都沒有好處。事事給別人留一點餘地，也就是給自己留下了生存的縫隙。凡事總有意外，留有餘地，就是為了容納這些意外。現今社會更是如此，「十年河東，十年河西」，你在今天把別人逼得走投無路，就要小心當有一天位置交換，對方把你退得走投無路。

人說話做事留有餘地，留有空間，才能從容轉身，使自己不至於陷入絕境。有進有退，收放自如，才能更機動靈活地處理和解決更複雜的問題。

12

好處要給得「恰到好處」

在現代社會行走，每個人都會有「給人好處」的經驗，而也惟有給人好處，才能從別人身上也得到一些「好處」！不過，給人好處，還是有些學問的，別以為「給」這個動作很容易，給得不恰當，不但對方不感激你，有時還會怨你。你白白損失「好處」，又招人怨，天底下再也沒有什麼事比這更冤的了。

有一句箴言：「給人好處時要記住，不輕給，不濫給，不吝給！」這句話的意思其實就是告誡我們，給人好處要「恰到好處」，如果不注意細節，可能得到適得其反的效果。

小胖的大伯早年參軍，後來轉業去了地方工作，憑藉著吃苦耐勞的本性和出色的能力，成立了一家外貿公司，並闖出了一片自己的天地。而小胖大學畢業時，恰逢經濟不景氣，工作也就沒著落，不過，想到自己的大伯，小胖對自己的就業倒並不是特別著急，所以還是每天上網、玩遊戲，出去K歌，一點也不著急。

不過，大伯卻給了小胖一個下馬威，大伯先是看了小胖的大學成績，發現小胖在大學成績很差，於是臉一沉，訓斥小胖大學荒廢時光。被大伯痛斥的小胖聳拉著頭，半響說不出話來。

「你先去我朋友的公司裡實習，不過他這個人非常嚴厲，就按照目前你的表現，你肯定是過不了實習期，如果不想給我丟人，就好好跟著學習！」大伯嚴肅的說。看著低著頭的小胖，他隨後緩和了下語氣，語重心長的說：「不付出自己的努力，你在社會上是無法立足的，大伯我沒有兒子，所以一直把你當兒子看待，希望你能爭氣，為我們家光宗耀祖。」這一席話讓小胖又激動又慚愧，他心

中暗下決心，一定好好工作和表現。

經過一番學習和實踐，小胖很快熟悉了工作流程，而大伯的朋友也沒有因為熟人親戚的關係而對他另眼相看，一切都按照實習生的要求來管束小胖，三個月後，小胖經過嚴格的技能考試，正式的轉正職了。

小胖用自己的薪資買了一份精美的禮物去拜訪大伯，大伯心情也非常好，要大伯母張羅了一桌子菜，一家人其樂融融。大伯告訴小胖，朋友特意打電話跟他說，小胖簡直有他當年的影子，又聰明，又肯吃苦，是個可造之材……這一番讚美讓大伯心裡非常欣慰的。而小胖心中也非常激動，覺得這三個月的苦沒有白吃。

大伯對小胖的栽培可說是煞費苦心，做到了「不輕給」，「不濫給」，「不吝給」：所謂「不輕給」就是「不輕易給對方」，要是讓對方為這「好處」吃一些苦頭，花一些心力，讓他付出之後才「得到」，這樣子他才會珍惜這「得來不易」的好處。大伯一開始對小胖的嚴格要求就是這個原因。

「不濫給」顧名思義就是「不亂給」，該給多少都要有準則，否則會出現和「輕給」一模一樣的後遺症，而且會造成是非不明的結果，「不吝給」、「不濫給」是沒有矛盾的。

「不吝給」是指應該、必須給、不得不給時就要毫不吝惜地給、慷慨大方地給；不怕給得多，只怕給得少。這種情形包括人家有恩於你時、獎賞有功的屬下時、要重用某人時、要收買人心時、以及情勢所迫時。如果你給的少，給的不乾脆，那麼這好處的效果，得不到別人的感謝也就罷了，有時還會招怨。故而大伯給了小胖一個美好職業遠景，對自己這個侄子一個「交代」，同時附加了一個「努力工作」的條件，既讓小胖更有衝勁，也讓他不至於一下子鬆懈下來。

可見「好處」能不能給得「恰當好處」，影響重大。在人情往來中，一定要把握好這個度，才能事半功倍，如魚得水。

Part 3

地位再高的人，也要學會低頭

01 成功的關鍵不在於蠻力，而是巧撥千斤

示弱不是無能，而是一種機敏的為人處世之道。在競爭白熱化的今天，往往爭得頭破血流也最多能搶到有限的一部分，並且這樣的行為往往招人厭惡。聰明的人，冷靜達觀，顯出禮讓的態度，卻往往能比爭搶者得到的更多。

即使再聰明靈巧，也要顯得笨一點；即使再清楚明白，也要顯得糊塗一點；人格再高潔，也要顯得世俗一點；即使再有能力也不激進，寧可以退為進。這才

是立身處世的救命法寶，明哲保身的明智之舉。

某大學的前任學生會主席因為學業繁重退居二線以後，學生會主席這個寶座引起了不少人的覬覦。於是乎，那些自認為有資格競爭的人，八仙過海各顯神通，有的是忙於和老師搞好關係，有的是忙於和學生會幹事們套交情，一時間，整個學生會顯得特別熱鬧。

不過，大家心目公認最有競爭力的還是副主席鑫達和宣傳外聯部長德孝，因為他們資歷深跟辦事能力強，所以成為最熱門的候選人。鑫達深受老師喜愛，不過為了關鍵時刻加一把勁，他幾乎每天都去院系去轉幾圈，和幾個掌管學生工作的老師套套交情，碰到幾個恭維他的手下，他也一副躊躇滿志的樣子；與志在必得的鑫達相比，德孝則顯得很低調，他對幾個常在一起工作的幹事說：「我們還是安心做好本職工作，不要做一些節外生枝的事情。」

有幾個幹事不服氣，悄悄的說：「部長，我看鑫達最近一直在拉關係，我們要不要也替你拉一些票？」

德孝臉色表情沒有一絲的變化，淡然的說：「鑫達爭取進步是個好事，至於我嘛，暫時還是想做好手頭的工作，我們的院慶快到了，我們的聯絡工作做到位了，就是給院系最大的禮物了。」

聽了德孝的話，他手下的幾個幹事也就靜下心來，開始忙於工作。時間就這麼一天一天過去，院慶當天，德孝成功的聯繫到了幾個重量級的人物來捧場，而來自各個行業的校友更是絡繹不絕，院裡人流如織，十分熱鬧。院長瞭解到這都是德孝以及宣傳外聯部的同學一個電話一個電話聯繫的，於是當著學生處的老師的面重重的表揚了德孝領導下的宣傳外聯部。

學生會主席選舉的日子很快來臨了，候選人都上去發表了慷慨激昂的演講，最後綜合老師評分和幹事投票，德孝多了慶鑫幾票勝出。

原來，相比這次院慶鑫達碌碌無為的表現，德孝的表現實在太出色了；同時鑫達太出風頭了，也間接得罪了不少人，讓這些票數流到了德孝這裡，這些綜合因素讓德孝贏了選舉。

該裝傻時裝傻，該聰明時絕不含糊！這才是智者處世的原則。凡是真正聰明的人情老手，大都懂得藏巧於拙、以屈為伸的道理。德孝並沒有放棄對學生會主

席的追求，但是他並沒有張揚的去拉人氣，拉選票，而是用工作來證明自己，並最終獲得大家的認可；反之鑫達則成了眾矢之的，缺點和失誤都被無限放大了。所以，德孝這樣的聰明人，笑到了最後。

聰明人不管說什麼話、辦什麼事，都會給自己留有餘地，同時韜光養晦，累積爆發的能量。想想看，你在生活中是不是遇到過這樣的智者呢？他們平時看起來不怎麼顯眼，好像什麼本事都沒有，但關鍵時刻總能一鳴驚人，讓眾人刮目相看。

這個世界上很多人忙忙碌碌一生，卻沒有什麼作為；也有些人年紀輕輕便功成名就，這其中的差別無外乎有的人能夠看準時機，發揮自己最大的優勢，有的人卻找不到施力點，讓自己的拳頭打在了海綿上。

成功的關鍵不在於蠻力，而是以巧撥千斤，想要混好社會就應該積攢自己的能量，不急於求成，也不唯唯諾諾，該出手時就出手，用收回來的拳頭使出最重的一擊。

02 船錨要起作用，首先要埋沒自己

一艘萬噸巨輪能夠在海港中屹立不動，依靠的就是那一條深深埋沒在海底的船錨。當人們讚歎龐大的巨輪帶來的震撼之時，又有誰會在意船錨發揮的作用，船錨正是用默默的奉獻發揮著自己的作用，哪怕沒有人在意，但誰也不可能否認它的重要性。

現如今有很多人生怕自己被忽視，時時刻刻想表現自己，展示自己的精明能幹。但是這種急躁的外露大多只有適得其反的效果，明明想要表現自己的優勢，結果把缺點全都暴露出來。

有句俗語「人怕出名豬怕肥」，如果在鎂光燈下照耀得太久會把眼睛刺傷，所以適時地放低自己姿態，學會低下頭不失為一種以退為進的手段。

立民原來是一家建築公司的排水工長，有二十多年的工作經驗。但因經濟不景氣被公司裁員。後來，他到了一家中型建築公司應聘，招聘方看在立民有二十多年的工作經驗上錄用了他，但有一點要求，就是要從排水工人做起。立民同意了。

工作中看著比自己年輕許多的人指揮自己，他心裡並沒有抱怨，而是埋頭苦幹，勤勤懇懇工作。有時候，指揮領導的人一些方式方法明顯出現了錯誤，立民雖然看在眼裡，但他並沒有憑自己的「老資格」當眾指出來，而是私下裡找到負責人，委婉地表達出自己的看法，然後提出合理的方案，這讓立民在公司人前人後的口碑都很好。

有一次，公司的另一個工地因為圖紙設計問題出現了差錯，導致已經建好的排水管道將不得不全部拆掉重裝，這樣一來就會造成重大損失。立民得知這個消息後，主動找到負責人拿來工地的工程示意圖，憑藉他二十多年的工作經驗，他說不必全部拆掉重建。

隨後立民又和負責人趕到出現問題的工地，親自查看了排水管道。這時，立民想到曾經自己也遇到過類似的問題，如果換一種型號的管子，在對圖紙進行修改便可減小損失。回來之後，立民對原有圖紙進行了修改，然後聯繫一些老客戶，申請引進了一部分其他型號的管子。

幾天之後，公司按照立民的圖紙設計對排水管道進行了修改，結果完全符合要求，反復試驗幾次之後也沒有出現問題。這一回，立民為自己贏得了更多的讚譽，很快，他就被公司提升為總工程師了。

是金子早晚會發光的，立民經歷了被裁員的挫折，又渡過了進入新公司的蟄伏期，他沒有因為自己擁有二十多年的工作經驗對新公司提出諸多要求，而是按照公司的建議，從最底層做起，學會低頭，認真完成本職工作。在不如自己的領導人面前不逞英雄，保持謙虛的態度，跟同事上級同時保持好關係，最後一個寶

貴的機會讓他一躍而起，證明了自己的價值。

這個世界上有很多有才能的人，但有的人懷才不遇，有的人可以用自己的才華打造出一片天地。出現這樣的差異，是因為同樣的才能，有的人急於表現自己，得到別人的肯定，有的人則會先低下自己的頭，埋沒才華，這樣別人就不會感覺到你的盛氣凌人，願意與你相處並提供幫助。

成與不成在於自己能夠暫時低下自己的頭，即使深懷高超的才能，也應該像文章開始所提到的船錨一樣，隱沒自己的才能，默默發揮作用，等到揚帆起航的時機出現的時候，要用於表現自己，靈活應對，這樣便可以獲得好人緣，更好的混社會。

03

別過於自我感覺良好

每個人都有自己的臉皮觀念，這關係到自己的尊嚴和地位。人人都希望自己能夠無時無刻不閃亮登場，有一群人為你喝彩助威，然而，理想與現實是存在差距的，要想達到人見人誇，人見人愛的「大爺」，就必須經歷一下低聲下氣的「孫子」的過程。

班傑明・富蘭克林是美國革命時期的傑出的政治活動家、卓越的科學家，是

美國十八世紀時名列華盛頓之後的最著名的人物。

在邁上獨立生活之路的當初，富蘭克林日夜為生計奔波，苦苦掙扎。這樣的生活有面子，有尊嚴嗎？顯然沒有。然而富蘭克林卻沒有放棄努力，也不忘在各種領域裡進行探索、研究，最後終於讓自己能在歷史上擁有一席之地。

比如他改進了冬季的取暖爐、發明了遠近兩用眼鏡，又在前人發明的基礎上對電進行了研究，對電學理論工作做出了很大貢獻；又由於他在外交方面表現出了非凡的才能，使他得以多次代表北美殖民地地區，去英國和法國等地進行外交活動，在他的堅持不懈的努力下，他成功地尋求到軍事、財政等各方面的援助；他還代表英國北美殖民地與英國王的大臣獨立進行有關殖民地自治的辯論，還參加了《獨立宣言》的起草工作。

可以說，富蘭克林此時已經是名聲在外，德高望重了，可是他依舊保持謙遜的態度，在富蘭克林所有的出版物中，有一本他自己編著的《窮理查年鑑》最出名，那也是一本教人修身立業的修養書，裡面有大量關於謙遜和低調的格言。這也可以看做是富蘭克林對自己的一個自勉，而他越是謙卑，就越是讓人尊敬和崇拜。

在現代社會，很多人太把自己當回事了，覺得自己已算是個「名人」或「權威」了，所以總以居高臨下之態事人，覺得自己應該享受莫大的被尊敬和被崇拜，如遇不識之人，便覺其無知，如遇不恭之人，便氣得骨子裡七竅生煙。卻不知，山外有山、人外有人，無論多高位置與才能，也只是在自己的一畝三分田裡排個暫時的小名次而已。如真是德高自信之人，為何不能以包容之心對待別人對你的無知呢？為什麼偏要以形式主義的尊敬來證明自己呢？知更多，應智更多，智更多，應德更多，德更多，應納更多！

不把自己當回事不是自我放棄，更不是自我輕視，是一種放鬆的處世態度。人，來自自然，歸於自然。無論是誰，最終都將化為灰塵一粒。如果太把自己當回事，你可能會在短暫的人生旅途中得到更多的鬱悶和痛苦，也錯過更多自由精神的享受。

工程師銘輝由於過往原因，英語一直是他的罩門。很多和銘輝年紀相仿的人覺得平時，第一用不著英語，第二就算用的上的時候請個翻譯就可以了，因此也

覺得沒必要再去學習。但是銘輝卻不這麼認為，他覺得自己得常去國外考察，很多時候需要自己去感受和交流，翻譯畢竟無法完美的表達自己的意見。於是，他決心好好補習英語。

然而，銘輝已經快四十歲了，記憶力也大不如往，而且因為基礎不好，所以發音也不太標準。怎麼辦？於是銘輝一有空就去和部門的年輕人聊聊英語，不過這些年輕人也常常不給他面子，一有問題就直接的表達出來。

很多人看了直搖頭，覺得這是何必呢？一大把年紀了，還要被一群年輕人訓斥。不過銘輝卻樂在其中，沒有絲毫的不快。就這樣過了一年多，公司又舉辦了一次對外交流。這次，銘輝可出名了！他和外籍工程師用英語談笑風生，不禁讓上司大吃一驚，還讓外國專家對銘輝另眼相看。

這些外國專家告訴單位領導人，下次一定要銘輝來負責和他們對接業務，因為銘輝不僅熟悉流程，還能和他們碰撞出知識上的火花！回國以後，銘輝的事蹟便傳開了，大家都把他的故事傳為美談。

其實任何事情都是一樣的，把自己的位置放低點，越低越好。銘輝不因為自己是高級工程師而擺架子不去找年輕人學習，而是謙虛的向人家請教，最後自然也有了面子。

為什麼大海能「海納百川」，實際上不僅僅因為它大，更重要的是因為它「低」！把我們自己看的低點就更容易融入這個社會，更能夠清晰的看清楚我們自己到底有幾斤幾兩，也更容易做一些大多數人不願意做的事。

在社會當中，要想贏得別人的讚譽，要想獲得面子，就要用實際行動提升自己的能力，透過努力去爭取。對於年輕朋友來說，我們不要仗著過去曾經取得的一些成績來時常提醒自己應該月如多少千、多少萬，也不要仗著滿大街都是的本科證書來尋找經理、主管的職位，我們暫時還沒到那個高度。把自己看的低一點，重心越低，將來的成功將會越踏實、越坦然。

04 坐熱「冷板凳」才有機會坐高位

人一旦遭到冷遇，難免都會自怨自艾、垂頭喪氣，而不去冷靜思考、尋找原因。這個時候，就像在坐「冷板凳」。其實，仔細想想，坐「冷板凳」也未必是什麼壞事情。我們大可藉此機會，調整自己的心態，養精蓄銳，把「冷板凳」坐熱，待時機到來時，便可大顯身手。

將「冷板凳」捂熱的過程，意味著在逆境中不放棄、不氣餒的堅持，那也是一種忍受痛苦、壓力、疲勞和沮喪的能力。為人處世，沒有點坐冷板凳的精神大概是很難有所成就，也很難取得切實收穫的。所謂「鍥而舍之，朽木不折；鍥而不捨，金石可鏤」就是這個意思。

很多人會碰到冷板凳，這時的急躁只能使事情越來越壞，耐心等待，同時不放棄提升自己的實力，事情總會往好的方向發展。

ＮＢＡ球星勒夫於二〇〇八年進入ＮＢＡ，在第五順位的位置被曼斐斯灰熊隊選中，並立即被交易到了明尼蘇達灰狼隊，他的ＮＢＡ前途原本並不被看好，畢竟勒夫的身體條件並不突出，尤其是爆發力和速度是他的弱點，於是坐冷板凳對於他來說是常有的事情。

然而勒夫卻沒有灰心，而是憑藉著努力的訓練和比賽中的刻苦作風，慢慢成長為ＮＢＡ中的一流前鋒，也從板凳球員成為了主力球員。在二〇一二年全明星賽上，勒夫參加了三分球大賽，作為一名白人前鋒，三分球並不是他主要的得分手段，在本賽季常規賽中的三分命中率僅有百分之三十四點八，ＮＢＡ邀請他參加三分大賽，一方面是因為二〇一一賽季明尼蘇達灰狼隊的戰績取得了顯著進

步，另一方面也是對勒夫在比賽中兢兢業業作風的褒獎。

令人驚喜的是，勒夫冷靜的發揮，沉著應戰，經歷苦戰爆冷贏得三分遠投冠軍，給他的個人生涯榮譽史上又添上了色彩濃重的一筆。

在森林裡，生長著一種小花，它們在艱難的條件下生長。所有成長所需的水分和肥料，都需要自己去努力爭取。它們從森林層層累積的腐敗枯葉形成的肥料中吸收養分，森林中降下的雨殘留在樹葉上的水，成為它們成長中的甘泉。這些小花就這樣在無人注意的角落長大，最終綻放出美麗的花朵。勒夫就如同這種小花，沒有因為自己替補的身分而放棄努力，而是不斷努力，最終獲得了喝彩與榮譽。

當你坐在冷板凳上，沮喪與糾結是必然的，但是我們要看到希望。要多從自身找原因，如果足夠優秀的話，為什麼還會被冷落呢？其實，在不受重用的時候，正是你廣泛收集、吸收各種情報的最好時機。能力強化了，當時運一來便可跳得更高，表現得更耀眼。

而在坐「冷板凳」期間，別人也在觀察你，如果你自暴自棄，那麼恐怕要坐到屁股結冰了，同時有些人不乏打落水狗的劣根性，你坐「冷板凳」，他們巴不得你永遠不要站起來。所以要謙卑，廣結善緣，但不要提當年勇。提當年勇不但於事無補，還會使你墜入懷才不遇的情境中，徒增自己的苦悶。

在低迷的人生逆境，自然也能感受到世態炎涼，所以必須擁有一顆豁達寬恕的心，在言談舉止中，且輕且淡，既可見自己的風度，也可留有餘地，這種方式比破口指責、揚長而去更能讓人接受。

總之，一旦自己坐了「冷板凳」，不要灰心喪氣，而要冷靜及理智地對待困境。用平和的情緒、低調的姿態表現自己的真實，也許更能贏得他人的欽佩和認同。

05

好馬也吃回頭草

一群馬來到一片肥沃的草地，草地的這頭碧波萬頃，草地的那頭是茫茫沙漠。馬兒們忘乎所以地吃著鮮嫩的青草，覺得這是上天對牠們的恩賜，從這頭吃到那頭，到了那頭，牠們發現是一片一望無際的沙漠。

這時候，幾乎所有的馬都惋惜再也吃不到這樣好的草了。有的馬繼續前行，去尋找新的草地，但終究沒有走出沙漠；有的馬立在原地，誓死不回頭；有的馬忍不住回頭望瞭望牠們吃剩下的青草，但始終沒有往回走，牠們都是好馬，好馬不吃回頭草啊！

只有一匹馬，牠不想為了做好馬而失去生存的機會，於是牠輕鬆地往回走，坦然地吃著回頭草。結果其他的馬都死了，只有牠活了下來。

也許自然中沒有這樣的馬，但現實中卻有這樣的人，他們以好馬自居，錯過了就錯過了，失去了就失去了，表面上不在乎，心底裡卻後悔不已。不是他們不想吃回頭草，而是他們不敢吃。所有的問題都歸結於一點，那就是面子問題。然而，面子比自己的前途、自己的幸福還要重要嗎？

曾經愛你的人也是你愛的人，由於誤會與你分手了，當你們再一次相遇的時候，為什麼不解開彼此的心結再續前緣呢？你曾經非常熱愛的一份工作，卻因為種種原因而失去了，如果你願意，為什麼不回到從前呢？

我們都是「好馬」，必要的時候就要吃回頭草，因為這個世界上好馬很多但是回頭草很少。

女人有了外遇，要和丈夫離婚。丈夫不同意，女人便整天吵吵鬧鬧。沒有辦

法，丈夫只好答應妻子的要求。不過，離婚前，他想見見妻子的男朋友，妻子答應了。第二天一大早，女人便把一個高大英俊的中年男人帶回家來。

女人本以為丈夫一見到自己的男朋友必定氣勢洶洶地找對方算帳。可是丈夫沒有，他很有風度地和男人握了握手。然後，他說想和她男朋友交談一下，希望妻子迴避，女人只得聽從丈夫的建議。

站在門外，女人心裡七上八下，生怕兩個男人在屋內打起來。然而結果證明，她的擔心完全是多餘的。幾分鐘後，兩個男人相安無事地走了出來。

送男友回家的路上，女人忍不住問：「我丈夫和你談了些什麼？是不是說我的壞話。」男人一聽，停下了腳步，他惋惜地搖搖頭說：「妳太不瞭解妳丈夫了，就像我不瞭解妳一樣！」

女人聽完，連忙申辯道：「我怎麼不瞭解他，他木訥，缺少情趣，家庭保姆似的簡直不像個男人。」

「既然妳這麼瞭解他，就應該知道他跟我說了些什麼。」

「那他說了些什麼？」女人非常想知道丈夫說的話。

「他說妳心臟不好，但易暴易怒，結婚後，叫我凡事順著妳；他說妳胃不好，但又喜歡吃辣椒，叮囑我今後勸妳少吃一點辣椒。」

「就這些？」女人有點吃驚。

「就這些，沒別的。」

聽完，女人慢慢低下了頭。男人走上前，撫摸著女人的頭髮，語重心長地說：「妳丈夫是個好男人，他比我心胸開闊。回去吧，他才是真正值得妳依戀的人，他比我和其他男人更懂得怎樣愛妳。」說完，男人轉過身，毅然離去。

自從這次風波過後，女人再也沒提過離婚二字，因為她已經明白，她擁有的這份愛，已經是世界上最好的那份。

很多事情，因為不瞭解，我們選擇了放棄。可是在明白了事情的原委，就應該有勇氣追回自己曾經失去的東西。

倘若我們當初離開是因為環境的惡劣，或根本不合自己的胃口，那完全可以義無反顧地選擇新的道路，好馬不愁沒草吃。如果曾經屬於我們的那片草地依然旺盛，我們也仍然是「好馬」，這最佳的匹配就應該去嘗試，草地永遠不會拒絕好馬，只是看好馬敢不敢吃。如果你是真的好馬，又有肥沃的草地等著你，與其去尋找那片遙不可及的新綠洲，何不低下頭，吃一次回頭草呢？

06

該彎腰的時候就別硬撐著

要有尊嚴的去賺錢，去生活，而不是為了活下去而搖尾乞憐。但任何事物都有著不同的兩面，在社會上行走，保持一定程度的低姿態，有時候能更容易獲得別人的認可和支持。試問當你遇到一個很低的門時，你是昂首挺胸的走過去，還是明智的彎一下腰、低一下頭走過呢？

在現實中，我們更多的時候還是需要別人，需要他人的指導和說明。年輕人

需要找工作，需要應酬，需要開拓更廣泛的人際關係……在這些不勝枚舉的活動中，你都可能處於一種求人的地位，處於一種必須表現低姿態的情景之中。

那麼，有時候彎腰表示低姿態是否就是放棄尊嚴，低微的活著呢？答案是否定的，當我們還沒有足夠實力的時候，就不能對外在的尊嚴抱過高的奢望，而必須依靠內在的尊嚴生活和工作。其實，善於用低姿態示人的都是一些聰明人，他們表現出低姿態，能讓對方從心裡上感到一種滿足，使後面辦理自己的事情更加順暢和快捷。

你謙虛時，顯得他高大；你樸實和氣，他就願意與你相處，認為你親切和可靠；你恭敬順從，他的指揮欲得到滿足，認為和你的配合很默契；當你表現出大智若愚來，使得對方陶醉在自我感覺良好的氣氛中時，你就已經受益匪淺，達到了你的目的。

賀旭恆在三十歲的時候就被任命為分公司的總經理，春風得意的他剛來到分公司的駐地就被人來個了下馬威，原來兩個副總資歷老，年紀大，本來以為自己是總經理的人選的，沒想到總部居然空降了一個毛頭小子，於是旭恆的一些提議都被他們以公司現狀的原因給否定了。

只是，旭恆對公司業務還不熟，又不得不依靠這兩個副總，於是他放棄了和這兩個副總對著幹的衝動，而是找了一個私下的機會，對兩個副總說：「你們兩位為公司服務多年，在業界也是德高望重，你們也知道，我還年輕，才三十歲，需要依仗兩位的地方太多了，請你們給我一些幫助和指導。」副總一看旭恆向自己低頭了，心中的怨氣也少了很多，語氣緩和了不少：「賀總，談不上什麼指導，我們兩個老傢伙也就是多吃了幾碗飯，比你多出來幾年，以後工作我們一定全力協助你。」

年輕人的優勢在於他們的學習能力，隨著工作的不斷深入，旭恆開始漸入佳境，對工作也得心應手起來，不到半年，旭恆已經將整個公司的業務運作爛熟於心，而這個時候他開始組建自己的核心團隊，並且完善了公司制度，大勢所趨，那兩個副總也在工作中見識到了旭恆的厲害之處，開始心悅誠服的跟隨旭恆開展工作了。

許多人往往喜歡表現出自己比別人強，或者努力地證明自己是有特殊才幹的

人，讓別人對自己服氣。然而一個真正有能力的領袖是不會自吹自擂的，所謂「自謙則人必服，自誇則人必疑」就是這個道理。旭恆在面對不服氣的兩個下屬，沒有採取過激的反應，而是放低自己，先去學習和瞭解，等到熟悉公司以後才實施自己的方針和政策，最終扭轉了局面。如果一開始他就和兩個副總硬碰硬，兩敗俱傷不說，也對公司的團結沒有好處。

該彎腰的時候彎腰是一種人生的智慧，面對暫時比你強的人，彎腰代表著暫時示弱，可以讓你獲得喘息的機會；而面對暫時比你弱的人，彎腰意味著謙遜，可以讓你獲得他人的支援和好感。要想混社會混的風生水起，就一定要學會該彎腰時就彎腰。

07

不低頭，就準備碰頭

某研究所的副所長受上級委託，負責一個課題的研究，由於行政事務繁多，他沒有把全部精力放在課題的研究上，而是把工作分配給了他的助手，他的助手是一位普通的研究員，由於種種原因，始終沒能得到升職。一想到副所長也許要將自己的研究成果占為己有，他就感到怒火中燒，但是一想到自己如果不接這個項目，後果也是可以預見的尷尬。

思考了很久，他還是決定忍下這口氣來完成這個科研成果。最終透過辛勤努力，他終於把研究成果做了出來，使這個課題得到了有關方面的認可，贏得了很大的榮譽。

報紙、電視台的記者都爭相採訪那位副所長，也許是內疚，這個副所長是很誠懇的對記者們說：「這項研究的成功也有我助手的功勞，榮譽應該有他一份。」記者們聽了，也對助手進行了報導。就這樣，助手也開始在學術界嶄露頭角，有了一定名氣。並在數月之後，獲得了一家公司的邀請去擔任了技術顧問，薪酬和待遇都有了很大提高，人生際遇也得到了改變。

人生如棋，變幻莫測。做事既要有執著於目標的勇氣，又要懂得靈活變通。有時候，在險境面前，不妨明智地後退一步，結果就可能會化險為夷，出奇制勝；遇到了困難，碰了壁，就要認真思考一下，看看自己的目標和方法是不是有問題，而不是繼續「勇往直前」，直到撞個頭破血流。所以，對自己的目標一定要認真努力地追求，但同時也要學會變通。

一個人要想立於不敗之地，是要有「敢為天下先」的勇氣和魄力的，但同時也需要「退一步海闊天空」的韌勁和智謀。人在競爭過程中，一方面是和事進行挑戰，另一方面則是和他人進行協作或挑戰，做事容易，但做人就比較難，這需要我們能屈能伸，更需要我們清楚何時屈、何時伸。

如果助手斷然拒絕副所長的要求，不僅以後工作過程中會舉步維艱，更沒有後面的人生改變了。所以該低頭的時候，需要低頭，不然只會撞個頭破血流還沒有絲毫效果。

其實生活中有很多情況要求我們低下頭，甘當配角。當你剛從事一份工作時，你要有足夠的心理準備低頭去做事，這是一種謙虛的態度，一種合作的態度。只有當好配角，才能從主角那裡學到許多東西，也才能讓主角盡心地傳授知識。如果你一上來就猛打猛衝，凡事都搶著做，別人就會抱有戒心，誰都怕這種人來搶飯碗。

處處喜歡拋頭露面的人往往容易成為眾矢之的，而那種平時踏實肯幹，在關鍵時候一鳴驚人的人才是最具競爭力的。在生活中要學著做「黑馬」，而不要搶做「出頭鳥」。

「木秀於林，風必摧之」，事事爭強好勝並不是強者本色，藏鋒露拙、韜光養晦才能更快到達成功的彼岸。「該低頭時就低頭」，並不是為了達到目的而屈尊求辱，而是一種處世智慧，這也是在競爭激烈的社會之中獲得更大生存空間的祕訣之一。

08 實力不足，要迴避與對方交鋒

人都渴望自己成為強者，任何時刻都能煥發出別樣的光彩。但是如果一個人鋒芒太盛了難免灼傷他人。想想看，當你將所有的目光和風光都搶盡了，將挫敗和壓力留給別人，那麼別人還能夠過得自在嗎？因此，不善於隱匿的人，避敵鋒芒的人往往招來更多的嫉恨和磨難。

人雖說有理性有智慧，能夠在清醒的時候分辨是非禍福，然而一旦志得意滿

了，又往往容易喪失理性，因一時的得意而忘乎所以，進而使自己陷於難以自拔的境地。

南下工作的明豐只用了五年的時間就成了一家私企的總經理，不論是從一開始做普通職員，還是後來做副經理階段，明豐都表現得非常出色。

後來他發現經理慧芸原來是老闆的小姨子，坐在那位子上可以說是形同虛設，是個只拿薪水不做事的角色。並且每次明豐向她請示工作時，慧芸都只會聽他說完，然後點點頭，最後加上說一句：「你放心去做吧。」算是應允了。

其實，一切都是明豐在做決策，但遇上簽合同時，客戶總要和經理面談，令明豐很不服氣。明豐想：老闆想給小姨薪資，放在哪個位置都可以辦得到，何必一定要做總經理呢？自己才是這個公司真正的靈魂人物。

老闆是個聰明人，幾次聽了明豐的怨言，都不動聲色，只是笑問：「我那小姨不會過多干涉你的工作吧？」

明豐心想：雖然如此，但總給我留下一塊心病。就答：「也許將李總放在別的位置上，公司的收益會更好。」老闆臉上依然笑著，但心裡已有了盤算。

後來，老闆就給小姨子轉達了明豐的意見，這下惹火了慧芸，她越想越氣，去找老闆吵了幾次，說明豐的不是，不久老闆就炒了明豐的魷魚。

可憐的明豐不明白，自己其實是一個外人，現在資歷也淺，再怎麼賣力也不可能在老闆心目中比其小姨子還重，他沒有分清楚形勢就去挑戰慧芸的權威，最後的結果自然不言而喻。

假設明豐夠聰明，他就應該學會和老闆的小姨虛與委蛇，而不是正面衝突和抱怨，同時更加努力的工作，以及掌握足夠多的資源，直到老闆想辭退他都得掂量之時再和老闆攤牌，相信結果必定會是另外一個版本。

在人生的這個長跑裡，某個階段的成功意味著你在社會的階層樓梯上又往上攀登了一層。但是越往上，競爭就越激烈。

在一個公司裡，上層領導的位置不可能像普通職工的位置一樣多，如果你想往上攀登，有時或許要等上司主動把位置留給自己，如果你的上司得知你在等著他走了好頂上去，他一定會先下手為強，把你趕出去。因此，避免和強大的對手過早交手是大有學問的。

縱觀歷史，有多少青年才俊，因為恃才傲物被強敵過早的扼殺。而又有多少聰明人，迴避與強者的交鋒，首先韜光養晦，積存實力，最終一鳴驚人。聰明人在躲避的時候，要有耐心，還要有信心，更重要的是要善於偽裝，表面上看並沒有野心，工作勤勤懇懇，換句話說，就是要先學會委曲求全，暫時的隱忍是為了將來更有力的爆發。只有潛心磨煉自己，才能逐漸成為生活和工作上的強者，取得傲人的成績。

09 強在弱中取，進在退中求

無論是在生活中還是在職場上，一味前進並非唯一的做事標準，適時的退讓和示弱是非常必要的，這對爭取到最後的勝利有益無害。要知道，誰笑到最後，誰才是勝利者。

以「退」的方式來達到「進」的目的，用示弱的方法來讓自己變得更強，可以說是一條獨闢蹊徑的成功經驗。俗話說：退一步海闊天空。退是另一種方式的進，防守也是另一種形式的進攻。暫時退卻，忍住一時的慾望，才能養精蓄銳，鼓足力量，後退之後的前進將是更快、更有效、更有力的。欲速則不達，退一步才能進十步，就是這個道理。

一位電腦博士學成後開始找工作，因為有一個博士頭銜，一般的用人單位不太敢錄用他，而工作經驗的缺乏又讓很多知名企業對他抱有懷疑態度。在經濟不景氣的就業形勢下，他發現自己的高學歷竟然成了累贅。思索再三，他決定收起所有的學位證明，去獲取自己目前最需要的財富——經驗。

不久，他就被一家小公司錄用為程式輸入員。這種初級工作對於擁有博士學位的他來說是大材小用，但他並沒有敷衍了事，而是仔仔細細、一絲不苟地工作。一次，他指出了程式中的一個重大錯誤，為公司挽回了損失，老闆對他進行了特別嘉獎，這時，他拿出了自己的學士證，於是，他得到了一個與大學畢業生相稱的工作。

這對他是個很大的鼓勵，他更加用心地工作，不久便出色地完成了幾個項目，在老闆欣賞的目光中，他又拿出了自己的碩士證，為自己贏得了又一次提升的機會。

公司老闆對他產生了濃厚的興趣，開始細心地觀察他，注意他的成長。當他又一次提出一些改善公司經營狀況的建議時，老闆和他進行了一次私人談話。看著他的博士證書，老闆笑了，他也終於得到了理想中的職位。

這位博士以退為進，甘願先去小公司工作，先將自己放在一個較低的水平線上，然後踏踏實實地奮鬥，為自己積蓄內在資本。「真金不怕火煉」，他在平凡的崗位上顯示出了光彩，被慧眼識英雄的老闆委以重用。他以暫時的「退」，「扮豬吃老虎」，為自己贏得了另一個事業起步的機會。

由此可見，一個人只有深諳進退之道，知道審時度勢，才能明確自己的處境，進而知進識退，進退有節，才能在激烈的社會競爭中立於不敗之地。

在現代社會行走，我們不能在形勢不利於己的時候去硬拼硬打，那樣做有可能是以卵擊石，自尋死路，也有可能是兩敗俱傷，損傷慘重。在這種時候先「退一步」，以求打破僵局，為自己積蓄力量贏得機會，進而可以「前進十步」。

真正的智者總能分清不同的場合，進而採取不同的處世態度。當自己處於弱勢時，採取以退為進的方法，才能避開強者的鋒芒，保存實力。等到時機成熟時，才表明自己的主張和態度，這時候，他們就是真正的強者了。

10 放低了自己，也就抬高了別人

有一個哲學家說：「你要得到仇人，就表現得比你的朋友優越，你要得到朋友，就讓你的朋友表現得比你優越。」

朋友比你優越，他顯然處在一個主角的地位，有一種輕鬆自如的感覺，而當你比朋友優越時，他能產生的只是比較帶來的失衡感，如果此時你還端起高高的架子，只會讓你的朋友敵視你、遠離你。所以，要想成為一個受人擁護和敬仰的

人，要學會謙虛自檢，尊重他人。

放低了自己，也就抬高了別人。一個人即使才高八斗、位高權重、家財萬貫，也是一個普通人，如果能放下身段，降低姿態，前面的路會更寬廣，得到的可能會更多。

被瑞典人民始終懷念的前首相帕爾梅，被譽為「平民首相」，他生活簡樸，看上去和普通人沒什麼兩樣，從家裡到首相府，很少搭車，而是接近群眾，和路過的行人有時候還閒聊幾句。儘管自己是政府首相，但帕爾梅生活依舊和普通百姓一樣，住在平民公寓裡，帕爾梅很少帶警衛，只是在參加重要的國務活動時，才會提升安保等級，盡可能減少擾民。

而在假期裡，帕爾梅一家還經常去旅遊，不過和很多官員不同，他們一家從來不勞師動眾，而是和普通家庭一樣輕裝出門，享受自己的家庭生活。並且他作為首相，還和普通民眾有著充分的交流，最重要的方式便是書信，他每年能收到一、兩萬封信，其中甚至還有不少國外的支持者寫來的，為此帕爾梅專門請了幾個工作人員來拆閱和答覆這些來信，盡可能使得每封信都得到回覆。

所以，在瑞典人民的心目中，帕爾梅不僅是一位政府首相，更是一位平民，他不但是國家領導人，更是普通民眾的兄弟朋友，在他死後，人們仍然自發的去弔唁他、懷念他。在瑞典，紅玫瑰象徵著和平與友情。不論春夏秋冬，帕爾梅墳墓前的紅玫瑰始終盛開不敗。人們紀念帕爾梅，也表達了對擁有這種品質的政治家的懷念。

對於一些相對比較成功的人來說，降低姿態，與大家平等相處，非但沒有人覺得他失去面子，反而讓大家更加尊重。帕爾梅作為瑞典首相，權勢不可謂不大，但他能放低自己，也就讓民眾的地位提升了。在生活中的道理是一樣的，如果覺得自己高高在上，以為有什麼了不起，那實際上會讓人看不起，因為「人外有人，天外有天」。

牛頓曾經說過，自己是一個在大海邊撿取貝殼的孩子，真理的大海他還未曾接觸。牛頓能夠聞名世界，不僅僅是因為在科學的成就，他的這一謙遜的態度也值得我們學習和模仿。

我們的生活中，也常常可以見到有著這樣良好品質的人，他們擁有著我們嚮往的財富、地位和美德，但他們卻依舊保持謙遜的態度。見賢思齊，雖然我們目前沒有達到那麼高的層次，但是我們可以學習他們的品德，尊重比我們弱勢的人，放低自己的身段，而不是充滿傲慢與偏見的態度去對待他人，相信你會發現，周圍對你散發善意的人會越來越多。

11

寧得罪十個君子，也不得罪一個小人

俗話說，明槍易躲，暗箭難防。光明正大的對手，堂堂正正的對決，你還可以精心準備來迎戰，而站在黑暗中的對手，會讓你防不勝防，他們只需要偷偷的使暗招，你就很有可能摔得鼻青臉腫。

因此，得罪君子並不可怕，可怕的是得罪小人，要想過著安穩的日子，不必每天你爭我鬥，就必須遠離小人，不得罪或少得罪小人。

縱觀人類發展歷史，庸碌小人並沒什麼真才實學，卻憑著能把黑的說成白的、把死說成活的本領。有句古話說：「學做事必須先學做人」。自古以來，會做事的終究不如會做人的，四處碰壁、歷盡坎坷的必定是不懂人情世故，孤芳自賞的君子；飛黃騰達的則多是左右逢源，見風使舵的小人。

有人說：「和君子打交道易，和小人打交道難，和有才之小人打交道更難，和身居重要崗位與擔任領導之小人打交道則難上加難。」儘量不要和小人打交道，敬而遠之。就是古人說的：「近君子，遠小人。」實在避免不了就虛以委蛇，不要得罪他們，否則你的災難就在眼前，說不定會讓你付出巨大的代價。

無論是生活還是職場中，小人陷害永遠是最讓人頭疼的事情。人家說「女孩的心思你別猜」，其實換成「小人的心思你別猜」似乎更加貼切一些。小人之所以被稱之為小人，就是因為他們為了實現自己的利益而不擇手段，面對這樣沒有節操的對手，相信就算是聖人轉世，也會頭疼。

特別是在現代競爭激烈的職場中你越優秀，爬的越快，踩下去的人自然也就越多，遭人暗算的可能性也就越大，因為你不知道你在什麼地方就無形中開罪了對方。

其實，小人的狐狸尾巴我們還是可以透過生活中蛛絲馬跡判斷出來的，比如以下的幾種人，就很可能是小人，一定要密切注意：

一、嫉妒心強的人

「人比人，氣死人。」在生活中，那些對別人的榮耀和成功過於在乎的人，都可能會產生嫉妒心理。在嫉妒心理的驅使下，他們可能會不擇手段來對付別人。

二、勢利眼的人

雖說人都有著「攀龍附鳳」的本性，但勢利眼的人卻見風使舵的太快了！頭一天也許還和你談笑風生，但一旦你失勢，他立刻給你一副冰冷的嘴臉，然後另尋高枝。

三、喜歡造謠生事的人

他們把造謠生事當成家常便飯一樣，樂此不疲。為了達到自己的目的，不惜誹謗別人，詆毀別人的名譽。他們還喜歡挑撥離間。為了達到謀取個人利益的目的，通常會使用離間法挑撥朋友之間的感情，好從中坐收漁利。

四、擅長拍馬屁奉承的人

這種人嘴甜如蜜，善於恭維別人，拍馬屁，恭維的人家每個毛孔都舒舒服服，進而達到自己加官進爵的目的。

有句歌詞，是這樣寫的：「借我借我一雙慧眼吧，讓我把這紛擾看的清清楚楚，明明白白真真切切」，這歌詞用在本文中也異常貼切，因為我們的確需要一雙慧眼，這樣才能識別小人，提防小人，遠離小人。

Part 4

必要時裝傻，氣場決定你的分量

01 老是不好意思的人，無法出頭天

成功的人都是氣場很強的人，相反，氣場弱的人通常都難以成功。前者無論是內心還是外在都會表現出很強的自信心，後者則往往會有害羞、不好意思、敏感等不良心理，進而產生心理上的自我鄙視、自我否定、自我挫敗。

因此說「氣場」是人生成與敗的關鍵所在，每個人都應強化自己氣場，受挫不氣餒，失敗不灰心，順利不自負，適應社會，努力奮鬥實現自身價值。如果你

每天都沉浸在「不好意思」的漩渦裡難以自拔，那麼將終究無出頭之日。

任希是一名在巴黎留學的女大學生，同時也是一名非常有才華的油畫家，因為她溫文爾雅的性格，所以她的周圍聚集了許多志趣相投的朋友。照理說，這樣的女孩子每天應該過得很開心，但是她害羞、膽怯和敏感的個性總讓她鬱悶、不開心。

她告訴老師，在巴黎熙熙攘攘的大街上，她總感覺受到明顯的粗魯對待，被往來行人擠來擠去。她去商店的時候，那些對別人非常有禮貌的售貨員也對她愛理不理的，而她又不好意思去說，這些遭遇讓她對巴黎這座城市傷透了心。

老師對她的遭遇非常不解，因為巴黎是座以講究禮節著稱的城市，尤其是在對待女性方面。為了解開這個謎團，老師悄悄跟在這個女學生身後進行觀察。

觀察的結果讓老師非常驚訝，甚至是義憤填膺。他沒想到在這座以對女性尊重自居的城市，居然真的有那麼多男性粗魯地對待這位女學生。

老師陷入了沉思：這位女學生的外表並沒有什麼招惹人的地方，她衣著普通，不像是社會底層人士，最重要的，她還是一個很乾淨的美女。原因到底出在哪裡呢？一定是她弱勢的氣場招來了這些麻煩。

於是老師告訴她，她所有的問題都來自於內心「過度的不好意思」，她給自己掛上了一個低調、臉皮薄甚至有些自卑的招牌。這個招牌屬於負氣場，正是這個負氣場招惹了周圍的人，讓大家任意欺負她而不擔心有什麼嚴重後果，如果她一直這樣下去，不僅會影響到自己的生活，更會影響到她的人生，因為越來越多的不自信湧到她的心頭，這樣她會什麼事情都做不好。為此，老師開始教她如何改變自己的氣場，學著自信，同時教她調整自己的身體姿勢，練習眼神來克服自卑和軟弱。

三個星期之後，她逐漸改變了自己的氣場，並且掌握了應有的身體姿勢和眼神。在大街上，那些粗魯男人不再擠她了，而且商店的售貨員也沒有像之前那樣輕慢她了。

人的心理就是這麼奇妙，「軟柿子」誰都想去捏一下，硬的基本上沒人敢碰。也許這就是「人善被人欺，馬善被人騎」的根源吧。為了不被人隨意欺負，我們要學會培養自己強大的氣場，把「不好意思」拋在腦後，從源頭上堵住氣場

的漏洞，讓自己成為一個充滿自信，充滿氣場的人。

為了擺脫「不好意思做事，不好意思說話」這種氣場弱的狀態，我們需要增強自己的氣場，以下幾個建議，您可以試試！

一、突出自己，挑前面的位子坐

坐在前面能建立信心，這是提高氣場最好途徑之一。因為不好意思的人往往不敢為人先，不敢上人前，不敢於將自己置於眾目睽睽之下，我們必須擺脫這個缺點，我們要有足夠的勇氣和膽量爭坐第一排，突出自己。久之，這種行為就成了習慣，「不好意思」也就在潛移默化中變為「好意思」。

二、睜大眼睛，正視別人

那些害羞不好意思的人通常不敢正視別人，這是消極心態的反映，我們要勇敢正視別人的眼睛，這自信的象徵，也是個人魅力的展示。

三、昂首挺胸，快步行走

身體的動作是心靈活動的結果，透過改變行走的姿勢與速度，有助於心境的調整。不用不好意思，昂首挺胸，展現自己最好的狀態，這樣你的氣場才能張顯出來。

四、練習當眾發言

從積極的角度來看，如果儘量發言，會增加自己的底氣，所以，不論是參加什麼性質的會議，儘量每次都主動發言，只要敢開口，你的光彩才會越來越亮，

五、學會微笑

微笑能給人親和力，它是醫治氣場弱的良藥，真正的笑不但能治癒自己的害羞情緒，還能馬上化解別人的敵對情緒。如果你真誠地向一個人展顏微笑，他就會對你產生好感，這種好感足以使你充滿氣場。

02 用眼神秒殺全場

「觀其眸子，人焉瘦哉！」意思就是說，想要觀察一個人，就要從觀察他的眼睛開始。眼睛會將人的真實想法和內在情緒表露出來。實際上，眼睛在交流中的功能並不僅僅是這些。

眼神的變化對氣場有很大的影響。比如犀利的眼神會將氣場的注意力集中在一點，通常被這種眼神注視、被這種氣場能量注視的人都不會感到好受。眼神的強弱會影響氣場能量的強弱，因為眼神的運用是增強自身注意力的一種方式，會讓我們的心靈產生更多的氣場能量。

如果一個人的目光總是逃避其他人，不敢用自己注視的氣場能量與對方注視的氣場能量相碰撞就是示弱的表現，目光逃避的一方往往會落入下風。強大的氣場能讓一個人從人群中脫穎而出，而犀利霸氣的眼神則是你縱橫沙場的武器。

無論是用起子也好，鑰匙也好，想要打開一把鎖，只有接觸到鎖的芯才能真正地起到作用。眼神就是讓自身氣場與他人氣場更融洽接觸的鑰匙，讓我們的氣場能量足以接近他人的內心。那麼，你應該採取什麼樣的眼神來告訴對方你的氣場呢？

一、眼神要正

無論你想跟對方說些什麼，你的眼神一定要有正氣，如果你的眼神飄移不定，或者像老鼠一樣轉個不停，會讓人感覺到你是一個不可靠的人。

所以，當你和別人談話或交流時，一定要給對方傳達「正」的眼神，同時配合正面的行動或動作。比如，你跟對方說話時，眼睛要注視著對方，不要游離，

不然，別人會認為你不重視他。

二、與別人爭論時，讓眼神成為武器

當你與對方爭辯時，要讓你的眼神成為達倒對方的武器。也許你說得很少，但是你一樣打壓對方的氣勢，這就是眼神的威力。

整體來說，你需要保持你的眼睛一直注視著對方，不能洩氣，告訴他你自己的看法是對的，並且堅定自己的看法。如果對方氣勢弱，或者理虧，他可能會把眼神投到別的地方去，這就說明你已經勝利了。

三、用眼神吸引人

當想要用氣場吸引一個人的時候，也要會用柔和的眼神盯著他，同樣能從對方的眼神裡看出來，他的氣場是否接受了我們。

眼神是傳達情感的最好語言，恰如其分地使用眼神，你會發現，你的氣場會隨著眼神而不斷轉換，也更加吸引人。

四、眼光落腳點決定著氣場

社交場合中，雙方目光的相遇，必然會引起彼此的注意，更何況人們一向難以忽略對眼睛的關注，試圖尋找最有默契的視線。但是，也應知道眼光落在對方身上不同的位置能帶來怎樣的氣場。眼睛是心靈的窗戶，而心靈則是氣場的發源地，所以，眼睛也是展現氣場的重要平台，氣場就蘊藏在眼神中。

總之，不同的眼神，甚至不同的目光注視點都會帶來不同的氣場，打造氣場，可以從改造眼神做起。平時也可以經常觀察自己所喜愛的明星，看看自己眼睛的形狀和光亮度，適合哪種眼神，做各種媚眼、平視、瞪眼、斜眼等動作，找到令自己感覺最好的神態並加以訓練，習慣以後就會不自覺地運用它們。

03

站姿和走姿是內在氣場的輻射

走姿和站姿是一個人氣場的最外在的表露，試想，一個站姿東倒西歪，走姿吊兒郎當的人給你的第一印象必定是此人輕浮草率，不堪重用等等負面印象；而一個氣宇軒昂，走起路來生龍活虎的人必定能給你一個做事幹練，俐落的好印象。

因此，一定要學會將你的氣場釋放出來。也許你在日常生活中是一個隨和的人，但在工作或者和他人交往中，如果依舊保持那種隨意的姿態，很容易被他人輕視，所以，在外面，我們要注意走姿和站姿，拿出屬於你的風範來，做好了，你的氣場會瞬間提升百倍，即使你穿簡單的衣服，人們也會看到你的氣勢。那就讓我們來看看，我們要如果擁有良好的部姿和走姿吧！

站姿，站出你的氣場

不同的站姿確實可以表現不同的氣場，每個人的站姿都是對其精神和心態都有集中的表現，不同氣場的人往往站姿不同。控制我們的姿勢，就可以改變他人的觀感，進而改變我們的氣場。氣場可不相同，表現出來站姿也千姿百態。

想要讓自己的站姿更有氣場需要全身協調，需要經過一定的練習，以下是站姿的練習動作：

◆腳部：右腳的腳踝輕輕靠在左腳的內側上，右腳是四十五度，重心放在左腳。

◆膝蓋：前後腳之間輕輕靠攏，不要有絲毫間隙，而且要用力伸直，不可以彎曲。

◆腰部：和臀部連成一體，從臀部開始用力，將腰部挺直縮緊小腹。

◆手部：左腳在前時，左手也在前，兩手垂放在臀部的兩側，手肘微彎，稍稍離開腹側。

◆肩部：從腰部開始，將背部挺直，雙肩自然地保持水準，絕不可以出現一肩高一肩低的現象。

◆脖子：肩膀的位置固定了之後，往後面延伸，讓耳朵與肩膀成一直線，最好放一面鏡子在旁邊檢查。

站姿是一個人精氣神的所在，也是一個人有無良好形象氣場的最直觀所在。要想樹立良好的形象氣場，我們就應時時刻刻注意自己的站姿。

步態，走出你的氣場

人們行走的姿態，即步態，是千姿百態、形態各異的，例如有節奏地快走、有大搖大擺的闊步、有無精打采的漫步、急促行進的碎步、閒庭自得時的信步等等，這些移動身體的步態，恰恰展示了我們身上的氣場。要想讓走路有氣場，要注意這樣的要領：走路用腰力，要有節奏感。拖著腳步走，會顯得沒精神。切記不要彎腰駝背，這樣會顯得沒有骨氣和氣質。速度要適中，要有節奏感，這樣顯得沉著、老練。

人的正常行走姿勢，應當是身體挺立，兩眼直視前方，兩腿有節奏地向前邁步，並大致走在一條等寬的直線上。行走時要求步履輕捷，兩臂在身體兩側自然擺動。走路時步態美不美，有無氣場，是由步度和步位決定的。如果步度和步位不合標準，那麼全身擺動的姿態就失去了協調的節奏，也就失去了自身的步韻與氣場。

所謂步度，是指行走時兩腳之間的距離。步度的一般標準是一腳踩出落地後，腳跟離未踩出腳腳尖的距離恰好等於自己的腳長。這個標準與身高成正比例關係。即身材高者則腳長，步度也就自然大些；身材矮者則腳短，步度也就自然小些。

所謂腳長，是指穿了鞋子後的長度，而非赤腳。但步度的大小與穿什麼樣的服裝與鞋子也有關。例如，女子穿旗袍，腳穿高跟鞋，那麼步度一定比穿長褲和平底鞋小得多。

所謂步位，是指行走時腳落地的位置。走路時最好的步位是：兩隻腳所踩的

是一條直線，而不是兩條平行線。特別是女性走路時，如果兩腳分別踩著左右兩條線走路，是有失雅觀的，更談不上有氣場。

步韻也很重要。走路時，膝蓋和腳腕都要富有彈性，兩臂應自然、輕鬆地擺動，使自己走在一定的韻律中，顯得自然優美，極有氣場；否則就會失去節奏感，顯得非常不協調，看起來會很不舒服。

女性穿裙子時，走得要平穩，以便裙子的下擺與腳的動作顯出優美的韻律感和氣場。穿高跟鞋時，褲腿要幾乎將鞋子遮蔽，才顯得瀟灑。男性穿西裝走路時，要抬頭挺胸，才能顯出具有活力的氣場。走路時不要無精打采，要對自己走路的姿勢有信心，才會瀟灑自如。

切忌走路抽菸。一邊走路一邊抽菸是個很不好的習慣。更不應該一邊開車、騎車一邊抽菸，這不僅損害自己的形象，影響自身氣場，還容易導致交通事故，這是每個人都應當特別注意的。

另外，走路時目光要自然前視，不要左顧右盼、東張西望。男性遇到面容姣好、穿著時髦的女性時，更不宜久久注視或掉回頭去追視，那樣顯得缺少教養，根本談不上會有氣場。

還要注意，不要一邊走路一邊吃東西。這既不衛生，也不雅觀。如果確實因為饑渴需要吃點東西，可以在路邊找個適當的地方停下，等吃完以後再趕路。堅定、自信、優雅的走姿，能讓我們的氣場得到進一步的提升。

像成功人士那樣走路，我們也就在漸漸向成功靠攏。從現在開始，鍛鍊你的站姿和走姿。一個有氣場的人首先要有強人的姿勢。那是你的身體語言，也是你展現給對方的「名片」。

04 越是沉默，氣場越強

適時地沉默是擊退他人語言進攻最有效的途徑之一，這種做法可以給別人形成一種不明虛實，難以琢磨的感覺，致使對方只是試探性的講出自己的想法或者要求，而此時的想法或者要求較之以前便會有很大程度的降低，理由與底氣也會降低充分性與強硬性，進而使我們處於制勝的高點。

在氣場交鋒中，沉默是一種很好的進攻武器。我們可以在對方運用氣場能量進攻時，適當的沉默，這樣才會起到進攻對方氣場能量的武器。同時，必須要注意抓住沉默的時機，一個好的時機會讓我們不費吹灰之力地戰勝對手。

在房東眼中，茂森是位不錯的房客。從不拖欠房租，不會抱怨這抱怨那，也不會給房東找麻煩，而且作息時間也很正常，沒什麼不良嗜好。在路上相遇的時候，茂森總會主動和房東打招呼。即使如此，隨著物價上漲的壓力，房東還是決定要漲房租。

房東見到茂森以後，先是訴苦，說最近物價漲得太快，然後又講出了一些向市場看齊等等一套理論。最後，提出漲百分之十的房價。

茂森只是靜靜地聽著房東的話，沒有任何表態。既沒有說同意，也沒有說不同意。房東是很想留下這麼好的一個住戶，於是又說：「那你看漲百分之五怎麼樣？」

茂森依舊是一言不發，只是用眼睛看著房東。房東心裡有些害怕，畢竟以茂森現在支付的房租在別的地方找一處不錯的房子也很容易，自己漲房租是不是會把茂森嚇走。

房東只好給自己找了個台階，說：「其實……我想，你都住了這麼久，那麼一點房費好商量的……我們就以後再說吧。」

茂森面無表情地說：「那好吧。」

茂森能夠順利地回絕房東的要求是他制伏了沉默的戰術，這種戰術的好處在於我們可以有效地抑制自身氣場能量的活動，讓對方無法瞭解我們的氣場變化，進而無法瞭解我們的真實想法。

這一戰術在生活中實際上較為常見，當來到一家商店想要購買某件產品時，店主總會介紹關於這種產品的各種好處，而且他的看法會隨著我們的評價而不斷變化，來匹配我們的需求。當我們想要購買某個產品並且希望店主降價時，店主一般會問：「你的最低價格是多少？」一旦提出一個自己覺得較為合適的價格，店主一般會說「你再加一點吧」等話之後高興地把貨賣給我們。

如果我們選擇沉默，店主就只會得到想買的資訊，而關於我們的心理價位卻一無所知，他也就只能透過一次又一次的降價來爭取你的同意。如果我們再輔之以故意離開，那麼我們買到的價格一定會比和店主開的價格要低。

當沉默時，氣場能量變化就很難被他人探測到。他人也就很難根據氣場變化來瞭解我們的真實想法，掌握不住我們氣場能量的人很難在氣場交鋒中取得上風，那我們至少也會取得一個平局的結果。

人們常說「進攻是最好的防禦」，在氣場交鋒中，「防禦有時就是最好的進攻」。當其中一方想要贏得這場氣場交鋒時，只要可以有效地防禦住對方的進攻，不讓對方在進攻氣場中找到變化。之後，就可以繼續防禦等到對方筋疲力盡時主動出擊，一舉獲勝，沉默便是這種最有效果也最容易採取的方式。

但我們必須瞭解到的是，只有我們不是有所求的一方時，比如說房東、店主想要從氣場交鋒中獲益的人，我們的沉默才會對贏得氣場交鋒有所幫助。如果我們是房東或者店主這樣的身分，那麼氣場進攻始終是必備的選擇，沉默只會讓我們失去自己想要的利益。

05

造勢生勢，排場擺足

氣場，看不見、摸不著，但每個人都有。氣場是裝不出來的，氣場是一種感覺，這種感覺有時是靠造勢生勢，排場擺足而形成的。尤其大牌明星、公眾人物，剛一出場，貴氣逼人，排場十足，人人避之，那股架勢，那個底氣，那個范兒就是氣場。

人們總喜歡用「排場」來形容成功人士、氣場之王。其實，真正出色的人都懂得利用一切機會讓自己在重要場合造勢生勢、拋頭露面，這樣既可以讓更多的人認識自己，擴大自己的影響力，提升知名度，也讓自己的形象更加深入人心。

如今，媒體「炒作」逐漸發展成為一種時尚，捧紅一個藝人需要炒作一下，捧紅一個產品需要炒作，在炒作時尚裡，我們也要跟上時尚的步伐，努力「曝光」自己，秀出自己的本色，才可能提高自己的身價，成為真正的氣場之王。

在商界，無論是商家規模大小，都喜歡把錢花在宣傳上。小到一個店鋪的裝修剪綵、送花籃放鞭炮，大到一個企業聘請明星、球星、主持人等等來做形象代言、在各大頻道各大黃金時段搶破頭般的插播廣告。目的就是造勢，中國人都喜歡湊熱鬧，場面越大越熱鬧，群眾越容易知道。當商家的品牌和產品被人們知道，就是成功賣東西的第一步。

在某種意義上，人也是產品，也需要造勢生勢和排場，進而打造強大的氣場。

如今的社會不再是那個「酒香不怕巷子深」的社會，縱然是「皇帝的女兒」，要想嫁出去，也免不了要走出深宮，主動造勢，主動彰顯自己的氣場。

要注意的是，由於在某個場合彰顯自己的氣場時需要面對很多人，有認識

的，也有不認識的，所以對我們來說，這需要很大的勇氣。想做到這一點，必須要有自信，彰顯從內而外的自信，這樣別人才會真正感受你是真正的「氣場王」。

想要更好的造勢，加強自身氣場，平時我們應該多關注身邊的各種儀式，表現自己的氣場優勢。例如，因有紅白喜事而舉行的儀式，因有人要出國或退休而舉辦的派對，因有人得到提升或費盡周折挖過來某個能人而舉行的歡慶，或因解決了一個大難題而舉辦的小小的慶典……這些都是「造勢」自己贏得氣場青睞的好機會。在多參與這類活動的同時講究一些排場，比如在這些場合裡作精采的演說，我們要做到舉止得體，保證不顯尷尬、不出洋相，這樣個人氣場、知名度一定會增色不少。

當朋友舉行婚禮的時候，也可以藉此機會，在朋友的親人及朋友面前「造勢」自己。這種情況下大家相互還不認識，不妨在婚禮正式開始前向新郎新娘及其父母們作一番自我介紹，呈上你的禮物，並祝福新人，這樣他們一定會對你的舉止印象深刻並心存感激。婚禮開始後，可以在享受這種喜慶聚會的氣氛和環境中，觀察一下周圍形形色色的人，透過聊天或敬酒等行動，讓更多的人認識我們，瞭解我們的氣場。

除了主動去參加別人的活動外，還可以自己舉辦聚會。一旦成為聚會的主人，應好好計劃一下，或者將它委託給某個具有豐富組織經驗的高手，儘量講究排場，並讓客人和自己都感到滿意，讓他們記住這段快樂的時光，並覺得我們不愧為一位細心而好客的主人。這樣，一定會有很多人在這次聚會上記住我們，並為我們細心營造的氣場所折服。

還有一點要謹記，在重要場合僅僅是「造勢」自己還遠遠不夠，還必須不斷地尋找機會宣傳自己——我們的主張和價值等。可以透過發言、演講等排場式的自我宣傳形式，也可以請知名人士或朋友當眾介紹，總之要讓自己深入人心。

此外，宣傳自己，表現自身氣場能量的同時也要遵循一定的原則，過於明顯的個人宣傳會讓別人誤以為在自我吹噓、炫耀，因此在宣傳時不要弄許多花招噱頭，應當謙和地、不溫不火地展現自己，以免嘩眾取寵、適得其反。

06 沉住氣唬住人，手中沒好牌也會贏

在電影、電視劇中我們常常看到這樣的賭博場面，主角手中握著底牌，哪怕這牌是一副爛牌，他們往往也能沉得住氣，最終使對手輸得落花流水。其實有些時候，我們的底牌就是我們的氣場。

在爸爸的工作室中，小威感到很無聊，便隨手翻開了書架上的書，讀起了《孫子兵法》。

「是故百戰百勝，非善之善者也；不戰而屈人之兵，善之善者也。」這句話的意思是百戰百勝並不是最好的，能夠在不與對方交手的情況下讓對方退卻，才是真正最好的方法。

小威認真思考了這句話好久，問爸爸：「在氣場對決中，是不是有這種不戰而屈人之兵的情況發生呢？」

爸爸在忙自己的事情，聽了小威的問題，只是點了點頭。

誰知小威卻並不打算結束對話，又問道：「那您說，我怎麼才能做到不戰而屈人之兵呢？」

爸爸這才放下自己的工作，認真地為小威解答：「在氣場對決中，雙方氣場都會率先估計對方的氣場能量，如果對方的氣場能量比自己強很多，自己就會自動退出。雙方的對決就不會發生。而你所需要的就是讓對方感受到自己強大的氣場能量。」

小威想了想，心裡想到自己並不具有強大的氣場能量，那該怎麼辦呢。這時，只聽爸爸說：「讓對方感受到自己強大的氣場能量，而不一定需要說明自己

真的有這麼強大的氣場。」

沒錯，想要不戰而屈人之兵，最重要的不在於你自身氣場能量是否真的足夠強大，而是要讓對方感覺你的氣場很強。說得直白些，你要懂得如何用氣場去震懾對手，讓對方自動退出。這就像在打撲克牌時，即使拿了一個很爛的牌，也要沉住氣，讓對方感覺我們手裡有更大的牌。

這也就要求我們在氣場對決之前，充分展現自身的氣場，並且向對方暗示自己有更強的氣場，讓對方不戰而逃。我們要在雙方真正對決之前把自己調整到戰鬥狀態，給對方以隨時會出強手的假象。這其中的奧祕，正如那句話——沉住氣唬住人，手中沒牌也要贏。至於如何在手中沒牌或爛牌的時候，也能將自己調整到最佳的狀態，我們需要做好以下幾個步驟：

首先，要表現出強大的自信。自信是提升氣場的動力。想做到這點，必須克服膽怯、羞澀的心理，講話或與對方對視時要底氣十足，才能讓對人感受到你強大的氣場。

其次，我們要讓自己的內心做好準備。並不是要讓我們的內心準備好攻擊他人，而是讓我們的內心不被對方看透。當我們的身體準備好攻擊他人時，對方氣場就會感受到我們的變化。而我們的內心則要向對方展現自身能量並不僅僅這麼多，讓對方摸不著頭腦，以致於無法判斷我們究竟有多強的能量。

最後，運用語言壓迫對手，讓對手屈服。當我們做好前兩步時，對方感受到了我們的威脅，但還無法預測到我們究竟有多麼強大。這時，運用語言去壓迫對手，在小範圍的氣場對抗中取得優勢會迫使對方退出氣場對決。

做到這三個步驟，你就可以達到沉住氣唬住人的狀態，進而有效地向對手施加壓力。當對手無法承擔這份壓力時，他自然會退卻。不過，使用這種方法的關鍵是不要讓對方知道我們的底細，否則任何震懾都會失效。

07 合不來的朋友也要交

人類社會是一個人們因相互需要而結成的共同體，因此，人與人之間互有利益上的需求是再正常不過的事情了。透過互利互惠、互通有無、取長補短、相互合作式的人際交往，我們可以辦成一個人通常難以辦成的事，不斷地壯大自己的實力，進而為自己遠大人生目標的實現奠定堅實的基礎。

然而有些人也明白，透過哪些交往能給自己帶來哪些利益，但他們就是做不到。因為與合不來的人往來，他們會感到心理負擔很重，情感上受不了，又不能得體地掩飾和控制自己的這種不適，結果感到自己很累，很受壓抑，遠不如獨來獨往那般輕鬆自在，所以，他索性拒絕與那些合不來的人交往。

事實上，凡是不符合其標準的人就一概拒絕，不相往來，也不顧及其中的利害關係，這種處世方式帶有很明顯的書生氣。但社會上人與人之間的利益關係非常濃厚，人際交往也不可避免地成為整個社會利益鍊條中的一環，以功利為取向的交往地位提高了，這個時候，還抱著一副書呆子氣，自以為清高有境界，結果只能是離群索居，被人孤立，處處吃虧。所以，以「合得來」與否作為人際交往的唯一標準實在是一種偏見，正確的做法是：把朋友分「三六九等」，既要交合得來的朋友，也要結交合不來的朋友。

每個人的朋友多少不一，感情深淺不同，都有自己劃分朋友等級的方法。不管是點頭之交還是莫逆之交，都是你的朋友，不要輕易忽視任何一個不起眼的朋友，很可能他在某個時候就會幫上你。

俊榮認為自己的朋友中有些似乎沒有一點交往價值，因為他們只是不期而

遇，之後再也沒有聯繫。或許對方已經忘記了自己，而他自己有的也只是對方一個手機號碼。可是，後來發生的一件事情徹底改變了俊榮的想法。

那年夏天，俊榮需要從台北前往江西採購陶瓷品，因為俊榮從未去過江西，所以想找個朋友幫個忙，哪怕只是稍微介紹一下批發陶瓷的大概地點。於是俊榮在手機上找到了一個江西的朋友，這個朋友是在一次旅遊中認識的。雖然自旅遊結束後他們之間就沒有再聯繫，但俊榮還是抱著試試看的心理撥通了對方電話，對方很熱情地回答了俊榮的一些問題，並承諾與俊榮一同前往陶瓷批發基地。

俊榮就在這位朋友的熱情幫助下，順利完成了陶瓷採購任務。俊榮後來不無感慨地說：「無論哪個朋友都是財富，不要忽視，說不定他能幫你。」

朋友是財富，但是不一樣的朋友對待的方式不同，這是肯定的。多數人喜歡建立一個朋友檔案來劃分朋友的等級，然後再用不同的方式對待不同等級的朋友。有人喜歡用電腦建立自己的朋友檔案，有人用筆記本、名片簿，這些方法都各有長處。不管你用什麼方法，但一定要記住：每個朋友都不可輕易地放棄。

在你每個朋友的名字底下都要有一定的資料，記錄他的專長和愛好。當他們的住所、工作變動時，要在你的資料上及時修正，以免需要時找不到人。而要得到這些變動的情形，則有賴於你平時和他們聯繫。

當然，要把朋友分等級其實不容易，因為人都有主觀的好惡，因此有時會把一片赤心的人當成一肚子壞水的人，也會把兇狠的狼看成友善的狗，甚至在旁人點醒時還無法發現自己的錯誤，非等到被朋友傷害了才大夢初醒。所以，要十分客觀地將朋友分等級是十分困難的，但面對複雜的人性，你非得勉強自己把朋友分等級不可。

心理上有分等級的準備，交朋友就會比較冷靜客觀，可把傷害減到最低。另外，也要根據對方的特性，調整和他們交往的方式。但有一個前提必須記住，不管對方智慧多高或多有錢，一定要是個「好人」才可深交，也就是說，對方和你做朋友的動機必須是純正的。不過人常被對方的身分和背景所迷惑，結果把壞人當好人，這是很多人無法避免的錯誤。

所以，我們要擦亮眼睛，認清朋友，並把朋友分個「三六九」等，即要交合得來的朋友，也要交合不來的朋友，這樣才能更好的在社會上行走。

08

「有用」的朋友是你生命中的開路先鋒

作為一個小人物，必須想辦法進入一個大人物的圈子裡，把他變成圈中的核心人物，才可能有前途。

二〇〇六年十月九日，紐約聯合國總部，鎂光燈下，韓國人潘基文淡然站立，他成為新一任聯合國祕書長。為什麼這個有些許花白頭髮、面容儒雅慈祥的人能夠登上舉世矚目的位置？下面讓我們看看潘基文的故事：

潘基文從小就接受了良好的教育，整個學生時代，他都是典型的好學生，唯一的特長就是學習。在二十多歲的時候，他遇到了人生一次重要的選擇。當時，學業有成的他可以去美國當外交官，同時也可以選擇去印度。去美國自然是風光無限，但美國消費頗高，而此刻他的家庭需要他掙錢貼補家用，於是他只好選擇了後者。

雖然目的地不太稱心，但潘基文到任後很快以自己的才氣和能力，吸引了韓國駐印度總領事盧信永的注意。盧信永發現潘基文談吐不凡，思維縝密，辦事沉穩，很多棘手的問題在他手中都能迎刃而解。盧信永非常看好潘基文，格外留心觀察他的一舉一動。在這個過程中，潘基文也意識到了一個問題：盧信永表面冷漠，但內心是熱情的，更重要的是他有著極其豐富的外交經驗，且樂於向自己傳授。

潘基文相信盧信永對自己的外交生涯會有重大的影響，於是他在盧信永面前更加謙虛，也更加賣力地工作，把領事館的各項事務打理得井井有條。

後來，盧信永擔任了韓國國務總理，他首先想到了十幾年前一同工作的潘基

文，立即將其推薦到了總理府工作，不久又被破格提升為總理禮賓祕書、理事官……潘基文的職務像坐直升機一樣，節節攀升，最終成為聯合國祕書長。

看完潘基文的故事，你是否已經體會到圈子核心人物的重要性呢。潘基文把盧永信變成圈中的核心人物，才得到盧永信的賞識和提拔，所以他的仕途才會如此通暢。我們不妨想一想，連潘基文這麼優秀聰明的人都離不開貴人相助，那更何況是一般人呢？所以我們要經營好自己的人脈，並將對你有用的人變成圈中的核心人物，這樣你離成功才會更近一步。

那麼，接近有用的人並把他變成圈中的核心人物，到底有哪些益處呢？首先，可以接受「有用的人」先進和超前的思想，以及為人處世的技巧。其次，接受「有用的人」的指點，不斷提高自身素養，更有利於成功。最後，透過「有用的人」的指引，認識更多的大人物，進而開闊視野，加閱歷，拓寬人際關係網。

顯然，這些益處都是一個人成功必須的。為了更好地獲得這些益處，使自己能力不斷提升，將對我們有用的人變成圈中的核心人物是非常有效的辦法。

各個行業都有許多出類拔萃的人物，他們的影響是非同小可的，我們必須利用與他們接觸的機會和他們建立良好的關係，這對自己的前途至關重要。一味地等待只能使你錯失良機。只有積極地多去結交有「用的」朋友，並將其變成圈中的核心人物，打造好牢靠穩固的人脈網，你才能順咋衝出事業與生活的桎梏。

「有用」的朋友是你生命中的開路先鋒，是你事業的導師。在他人的幫助下，比你單打獨鬥要更容易成功。因為借由他們的成功經驗、成功模式，能使你在短時間內便能獲得巨大的成功。他們會把自己的失敗與經驗教訓拿來給你借鑑，讓你知道，哪些是你該做的，哪些是你不可以也不能犯的錯誤。他能讓你省下更多的時間，少走更多的彎路。所以，在生活中，我們要學會將那些有用的人物變成自己的圈中人，此外，還要將他們變成圈中的核心人物，這樣會對你的人生有莫大的幫助。

Part 5

有包容的能力，才有成功的機會

01 與其你死我活，不如你活我也活

獅子和野狼同時發現一隻小鹿，於是便協商好一起追捕。當野狼把小鹿撲倒後，獅子便上前一口把小鹿咬死，但此時獅子突然起了邪念，牠想獨享美味。於是獸性大發，上前去咬野狼，儘管野狼拚命抵抗，但還是被獅子咬死。不過獅子也受了重傷，不但無法享受美味，同時失去搶救良機，最後一命嗚呼。

試想：如果獅子沒有那麼大的慾望，而是和野狼共同分享小鹿，豈不皆大歡喜？一切都是貪婪惹的禍！

競爭是社會進步的動力，失去競爭，人類將停滯不前。但一味的在紅海裡面進行血腥的競爭，會導致得不償失的後果。在人類歷史的發展長河中，沒有「絕對的毀滅」，任何一次單贏的策略，都將引起對方的憤怒成為你潛在的危機，而陷入「冤冤相報」的惡性循環裡。

其實，我們在和他人打交道的過程中，要懂得學會分享，學會放棄，學會得饒人處且饒人，切忌抬高自己，自命不凡，為了自己的利益不擇手段。畢竟，人生路上很多事情不可預料，和他人鬥，究竟鹿死誰手還真是難說。

小楊是一家大型企業的高級職員，他的能力非常強，經常受到上司表揚，平時，他的熱情大方，直率坦然都為他的形象加了不少分，不過，小楊率直的個性也為他捅了婁子。

原來，有位部門新進的同事，她父親是某單位的高階主管，因此上司對這個女孩特別照顧，什麼加薪、休假、學習的好機會都留給了她。而小楊本來今年可以升遷的，誰知道半路殺出了這麼個程咬金一下子搶走了小楊的風頭，因此在工作中，小楊從來沒給她好臉色看過，覺得她是靠關係上位的人，沒什麼需要往來的。

然而在年終評比中，這個女孩居然被評為了優秀員工，而這個榮譽以前都是被小楊穩操勝券的，於是小楊實在忍不了，氣急敗壞的跑進了經理辦公室，義正言辭地與上司「理論」起來，經理喝了一口茶，看著怒氣衝衝的小楊，「那你想要我怎麼做呢？」

「我希望您能公平一些，她才進來半年，我怎麼感覺她什麼都沒做，但卻什麼好處都撈到了呢？」

經理微笑的說：「最近分配給你做的兩件大案子都是她父親批准的，你說呢？如果不配合她，你連這個機會都沒有。」聽到經理這麼說，小楊一愣，顯然沒有想到自己這幾個月的高業績居然還要感謝這個女孩。

「我像你這麼年輕的時候也覺得自己很厲害，誰搶了我的東西我就要搶回來，後來才發現，與其你死我活，還不如你活我也活。」經理站起身來，目光深邃的看著小楊。

聽了經理的話，小楊似乎明白了什麼，在之後的工作中，小楊也開始和那個女孩改善關係，試著發現她的優點，並且學會與她一起合作，而不是以前的敵視和鄙夷。他發現，這個女孩並沒有自己想像中那麼討人厭，反而個性是十分活潑與慷慨的。在下年度的評比中，兩個人都被評選為年度優秀員工，小楊的個人收入也大幅提升。

現代社會每個人都會面臨生存壓力，常常都會有莫名的危機感出現，所以人們會為了碗裡的一口飯去爭得頭破血流，其實合作才能雙贏，與人鬥，並沒有其樂無窮，反而會給自己留下很多隱患。試想小楊繼續對女孩不滿，甚至用小動作來對付她，公司為了進展著想，必定會犧牲掉小楊，畢竟公司的生存和發展才是最重要的，還好小楊聽從經理的勸告，學會拋開個人偏見去合作，最終得到了更大的利益。

無論是日常生活還是職場中，我們要切記「以和為貴」，不可以意氣用事，不到萬不得已不要和別人撕破臉，因為留給別人機會，也是留給自己機會，和他人鬥個你死我活，最終往往得不償失。

02 容忍他人的不足或惡意

說起魯迅先生，可說是無人不知，無人不曉。魯迅先生能夠取得如此高的文學成就，其實和他為人處世也是有密切相關的。

話說當時有一個叫做魏猛克的年輕人，由於年少氣盛，個性衝動。在刊物上發表許多篇文章諷刺魯迅先生，又發表漫畫挖苦他。然而魯迅先生對他的這些諷刺文章和漫畫，並沒有給予回擊。而是主動寫信給魏猛克，因為魯迅先生透過魏

猛克的文章，發現他是一個有激進思想和遠大抱負的人。只是因為自己年少氣盛的緣故，才顯得有些恃才傲物。透過幾次通信後，魏猛克發現魯迅竟然有著如此大度的情操。於是便主動請人找到魯迅先生，表達了自己的歉意。後來魯迅先生和魏猛克便結成了忘年之交。

由於魯迅先生對待青年學生的大度，使得很多學生們都願意和魯迅先生交朋友，而魯迅先生也從和青年的交流中，發現了當時青年們所感興趣的思想和觀念，進而使自己的文章也能更適合青年學生的口味，更能反映出時代的呼聲。

「結怨，結得沒意思。」這就是魯迅先生大度、豁達的智慧感悟。然而，在現實生活中，我們卻經常聽到一些青少年朋友們說「我恨死某某人了」這樣的話。也經常看到很多人因為一丁點小事和別人大吵大鬧，甚至大打出手。這些情況的出現，究其原因就是個人氣量太過於狹小所致。和魯迅先生比起來，我們真的應該感到慚愧。

「金無足赤，人無完人」，在日常生活和職場中，我們的朋友或者同事身上有這樣或者那樣的毛病，這都很正常，就像我們自己身上也有許多的壞毛病一樣。所以，對待他人，要有一顆寬容平和的心，很多時候，我們要學會容忍他人的不足或者惡意，只有這樣我們才能獲得更大的發展。

寬容是一種高尚的美德，這個世界沒有聖人，沒有毫無瑕疵的完人，面對他人的責難或者詆毀，面對他人的缺點或者瑕疵，我們都應該用體諒和寬容的心去對待。這樣你就會多一個朋友，少一個敵人，你的生活也會變得越來越美好。

03 理解他人是與人為善的法寶

在平時的生活中，我們常常會發現有這樣一些人：他們要求別人，做事行事一定要達到一定的標準，否則就求全責備，然而他們自己有時候做事卻也不盡如人意，這個時候他們又會為自己找出種種的理由。這樣的人，無疑在任何地方都不受歡迎。

捫心自問的想一想，這樣的情況在我們身上也都或多或少的出現一點，我們要以指責別人的心來責備自己，要以寬恕自己的心來寬恕別人，進而提升自己的修養和素質。

聖文三十多歲，是一家企業的中階主管，雖然在公司裡做了十幾年了，可是卻沒什麼朋友，在公司裡常常一個人吃飯或者休息。

這究竟是為什麼呢？原來是他的性格非常讓人討厭，首先，他一進公司，就會對員工們頤指氣使，這沒做好，那沒做好，口沫橫飛的說上半天，一點小小的問題也會喋喋不休；甚至去趟廁所，都會批評清潔人員不認真。每天午休的時間，不少同事喜歡看上上網，聽聽歌，而一旦被聖文看到，就會挨批；有的同事有急事，上班接個電話被他看見了，最後也是被點名批評……這樣的事情不勝枚舉，因此，同事們都對他沒什麼好感。

然而，每個人都會碰到一些棘手的問題。聖文的父親因病住院了，作為獨子的他自然是來回奔波，工作也受到了極大的影響，上班的時候手機也常常響個不停，這一切都讓聖文終於體會到身不由己的痛苦。

一天早上，陪床一宿沒睡的聖文回到了辦公室，忽然發現了辦公室上放著一

個生日蛋糕，今天居然是自己的生日！這段時間的心力交瘁讓他把這個事情徹底忘記了。生日蛋糕上面有張卡片，寫著一行小字：部門全體同事祝你生日快樂！希望你早日歸隊！聖文猛一回頭，身後站著一群笑盈盈的同事，其中一個常常被聖文罵的小子，向前走上一步，誠懇地說：「經理，生日快樂！」整個辦公室響起了掌聲，而聖文的眼眶裡也溢出了淚水，他似乎明白了許多事。

過了一段時間，聖文的父親恢復了，而他在公司裡也變得和藹許多，對下屬們的一些錯誤也不再是大聲呵斥，而是耐心教導，對有時候下屬們一些無關痛癢的小毛病也睜一隻眼閉一隻眼，後來整個部門開始變得生氣活潑了。

寬恕是種美德，理解、同情他人更是與人為善的法寶。同事們在聖文遭遇家庭變故的時候，選擇了送一些溫暖，給一些力量給聖文，讓聖文感動不已，而這也使得他開始自省，最後改變了自己苛刻的性格。

在我生活中，我們無法避免遭遇別人對自己造成的傷害，也不能保證別人的錯誤不會給自己帶來影響，但我們可以選擇對待他人的態度。用寬容的態度對待他人，多想想自己的責任，這樣你看待世界和他人的目光也將有所不同。

04 讓別人滿意，自己才有機會得意

虹羽從小就熱愛服裝設計，大學也如願考上了服裝設計科系，不過由於畢業時候恰逢經濟危機，她不得不暫時放棄自己設計服裝的理想，而是先去了一家品牌服裝店當實習店長。

服務業自然是與人打交道，特別是虹羽在的這家品牌服裝店，服務要求更是特別高，因為來的人都是口袋裡有點銀兩的顧客，所以很多人非常挑剔。

一天，虹羽正在庫房裡盤點貨物，忽然聽到門外一陣喧鬧的爭執聲，她趕緊走了出去，原來是一對中年夫婦因為不滿意一位店員的工作態度而大發雷霆。

「先生，不好意思，我們這位員工是剛來的，所以沒經驗，請您大人有大量，多多包涵。」陪著笑臉，虹羽趕緊站在這對夫婦面前，希望說點好話來平息他們的怒火。

這對夫婦看著滿臉堆笑的虹羽，自然也不好再發脾氣。原來，他們要給即將出國的女兒買一套衣服，可是自己女兒又沒來，於是當媽媽的來回選，選了很多件卻最終又沒看合適，所以負責招呼他們兩個的店員就有一些不高興了，一句話沒說好，就發生了口角。

「阿姨，您別生氣了，請問您女兒年紀多大？不知道是否和我差不多大？」聽完夫婦的講述，虹羽很快知道如何應對了。

「和妳差不多吧，對啊，妳的體型也和我家女兒差不多！」阿姨一拍腦袋，覺得虹羽點醒了自己。

「那我給您拿一些最新的款式，今天剛到的，還沒上架，我自己也很喜歡，我先拿過來給您看看。」虹羽拿出這些新款以後，又結合自己的瞭解給阿姨半推薦半講解起來。

「妳懂的還真不少啊？」當虹羽侃侃而談的時候，阿姨驚訝地打斷了她。在一番交談之後，這對夫婦終於選定了心儀的一款衣服，滿意的走了。

人和人的感情是相互的，你敬我三分，我自然也會敬你一丈，反之，你對我不理不睬，甚至惡語相向，我也自然不會對你客氣。所以，要想在社會中混得如魚得水，你必須學會釋放出善意，使對方也對你綻放出笑臉，最終形成一種微妙的正向回饋效果。

後來，這對夫婦常常來這家店購物，和虹羽也越來越熟。一天，這個阿姨介紹虹羽去一家服裝雜誌做記者，還有出國採訪的機會。聽到這個消息，虹羽非常高興，因為這是一次突破自我的好機會。店裡的同事紛紛表示對虹羽的羨慕，不少人都覺得虹羽真是運氣好，不過只有虹羽知道，這個「運氣」是自己良好的服務態度換來的禮物。

人生在世，不如意者十常八九，在順境尚且不說，在逆境中要想找到救命稻

草，更需要謙卑與克制，虹羽雖然沒有找到自己心儀的工作，但卻也沒有自暴自棄，而是在自己的崗位上做好自己，並透過自己良好的服務和豐富的知識贏得了「貴人」的欣賞，這也為以後的個人發展奠定了基礎。

贈人玫瑰，手有餘香。讓他人幸福快樂的同時，我們也給自己打開了一扇新的窗戶。對於沒有太多資源可以利用的年輕人來說，要想別人肯用你，肯幫助你，你就必須把細節做到完美，讓他人感受到你的存在。人心本善，對他人的微笑和友愛總會透過某種方式回報在你自己身上，所以讓別人開心快樂，也給了自己開心快樂的機會。

05 不是每份「禮」都有人笑納

人們常說，人情是債，很多人寧願欠別人其他什麼，也不願意欠他人一個人情。原因很簡單，人情世故，自然是你來我往的過程，很少人會不求回報，而一旦如果彼此之間有了矛盾，往往會出現施予人情的一方，總會站在情義上的制高點，到處宣揚對方的忘恩負義或者不知好歹。這種情況不僅讓人難堪，甚至還會讓兩人反目成仇。

而更為可怕的是，不少人攀龍附鳳的目的是為了攫取更大的利益，因此他們會用各種手段賄賂處於關鍵位置的實權人物，讓他們徇私枉法，為自己謀私，不過紙包不住火，最終的結果是觸犯了法律，雙雙鋃鐺入獄。因此，為了避免這樣類似的麻煩，很多人選擇不收禮，不去欠這份人情債，免得節外生枝。對於送禮的人來說，要心裡清楚，不是每份「禮」，都會被人笑納。

鵬輝是一家大型國營企業的採購經理，這個職位可謂是肥缺。按照鵬輝自己的話說，每個月從自己手裡流進流出的錢就有好幾個億，也正因為如此，他的幾位前任屁股都沒坐熱便因為貪污受賄等各種問題被送進了監獄。於是，鵬輝在這個位子上可謂是如履薄冰，生怕出現什麼問題，並且對外約法三章，宣佈不會收禮，誰送禮品給他就是故意害他。

雖然鵬輝如此聲明了，但是為了拿到標書的仲介或者商人依舊像聞到腥味的貓一樣，爭先恐後的送禮給鵬輝，試圖攀上點關係，不過都被鵬輝給趕出了辦公室，鵬輝扔出來一句話：「我是看標書說話的，這些東西就不必了！」

很多人踢到了鐵板只好悻悻而去，難道鵬輝真的是油鹽不進嗎？有的人開始動起了腦筋，畢竟鵬輝也是從基層銷售一步一步爬起來的，不可能真的不食人間煙火，只不過怕被人舉報，重蹈前幾任的覆撤，因此喪失了自己的大好前途。而且吃人嘴軟，拿人手軟，如果最後標中的是一些劣質產品，就算沒有法律責任，也會讓鵬輝的仕途受到影響。既然如此，就真的只有從產品入手，用產品打動鵬輝的心，這樣或許以後還能形成良好的合作關係，而這個好產品，也能成為了某種意義的「禮物」了。於是，聰明的廠家銷售人員精心策劃，將標書做的非常精緻，並且拿的都是最好的樣品。

果然，最終標中的產品都是一些品質上乘，有保證的貨物，而他的頂頭上司對這些產品是讚不絕口。鵬輝自然也是對這些廠家另眼相看，還和其中一些聲譽最好的廠家簽訂了長期合同，讓這些廠家的負責人喜上眉梢。

在人際交往互動中，人情其實就是一種有黏性的貨物，一旦欠上了人情債，你會不得不掂量是否要及時的給予別人回報，進而很難處在公平中立的立場上了。試想鵬輝如果接受了賄賂，必定會對送禮人的產品睜一隻眼閉一隻眼，而無法選出真正最好的產品，觸犯法律先且不說，這也讓他連採購經理這一本職工作

都沒做好，對他日後仕途晉升之路必定有所影響。是要更好的前途還是他人送的賄賂？經過權衡，鵬輝選擇了前者，因此才會讓這些送人情鋪路子的人吃了一個閉門羹。

古代先人留給後人的訓誡叮囑中，常有不可輕受人恩，不可輕受人惠的教誨。為人處世離不開人情，欠了別人的人情就要儘快償還，背著人情的債務生活，負擔是沉重的，所以不欠人情，少欠人情，生活才會更加輕鬆。這也是不少人不收禮的原因。

而對於送禮人來說，任何時候都要有鎩羽而歸的心理準備，而不要因為自己的禮物豐厚貴重而盲目自信。畢竟人和人是不一樣的，送的禮物是否對收禮人造成了情感壓力？是否會損害他的實際利益？這都是聰明人要考慮到的。

06

隨時隨地留人情，辦事得心應手

在當今社會，「事不關己，高高掛起」已經成為了很多人的處世信條，他們總是在強調「獨善其身」，總是在重複著「只掃自家門前雪，不管他人瓦上霜」的行為，甚至還會為自己的行為沾沾自喜。

然而，「花無百日紅，人無百日好」，沒有人能永遠一帆風順，總會有失意，或者需要他人說明的時候，而在這個時候，平時結下的人情善緣重要性便突

顯出來，那些時時光顧朋友，有情有義的人，就算他不出聲，也會有無數「貴人」相助；而平時「高高掛起」的那批人，自然又會感嘆「人情冷暖」，殊不知，這是咎由自取。

李嘉誠是一個在日常生活中就懂得留人情的人，二十世紀七〇年代初，石油危機波及香港。香港的塑膠原料全部依賴進口，香港的進口商趁機壟斷價格，將價格炒到廠家難以接受的高位。不少廠家因此被迫停產，瀕臨倒閉。在這個關涉許多企業命運的時刻，李嘉誠毫不猶豫地站到了風口浪尖。在他的倡議和牽線下，數百家塑膠廠家入股組建了聯合塑膠原料公司。

原先單個塑膠廠家無法直接由國外進口塑膠原料，是因為購貨量太小，現在由聯合塑膠原料公司出面，需求量比進口商還大，因此直接交易。所購進的原料，按實價分配給股東廠家。在廠家的聯盟面前，進口商的壟斷不攻自破。籠罩全港塑膠業兩年之久的原料危機一下子結束了。

李嘉誠在救業大行動中，還將長江公司的十三萬磅原料以低於市場一半的價格救援停工待料的會員廠家。直接購入國外出口商的原料後，他又把長江本身的二十磅配額以原價轉讓給需求量較大的廠家。危難之中，得到李嘉誠幫助的廠家達幾百家之多。

在這次力挽狂瀾之後，李嘉誠贏得了一大批人的支持，他不僅被稱為香港塑膠業的「救世主」，還被譽為香港商界的代言人。而在日後的幾次經濟危機中，都是李嘉誠率先站出來，帶領商界人士渡過難關。

李嘉誠的人情投資，所帶來的「利潤」絕對不是用金錢可以衡量的，這為他自己建立了深厚的群眾基礎，贏得了更多的朋友。在他日後的商業活動中，不管是借貸還是融資，金口一開，都是無往而不利，生意也是越做越大。

愛出者愛返，福往者福來，平時小小的善舉積少成多，也能結出善果，李嘉誠為人處世恰到好處，當別人有困難的時候，伸出援助之手，他的幫助對於整個香港商界無疑成為了最有價值的東西，在他以後的經商過程中，贏得了無數的關照和幫助。所以要想人生路得心應手，除了一些必備條件外，還要富有同情心和憐憫心，做扶危解困的「及時雨」，廣布善緣，並且擁有與他人同甘共苦的決心。這樣，才會在任何困境下都能絕地反擊，浴火重生。

進行人情投資不能急功近利，人情投資是一種長期行為，人與人的理解與信賴需要一個過程，因此，人情投資貴在平時，貴在真誠持久，需要一點一滴去累積，「路遙知馬力，日久見人心」，說的就是這個道理。

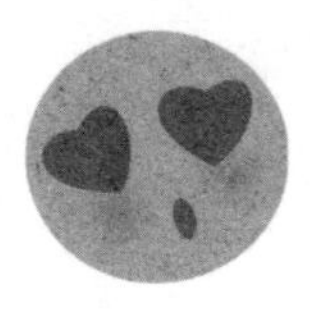

07 有福同享，好處不要自己獨吞

打開電視，觀看各種無論是灑狗血還是令人拍案叫絕的電視劇，只要涉及到兄弟結拜，必定會有這麼一句話：「有福同享，有難同當！」的確，如果要你定義一下何為兄弟，何為好朋友，那麼「有福同享」無疑是其中很重要的一項考核標準。

想一下這樣的情景：你有一個自私自利，「有難同當，有福不同享」的朋

友，捅了婁子，第一時間就想到你，而有什麼好事，卻完全沒想到你。這樣的損友相信你一想到就會頭疼，這樣的朋友你會幫助他嗎？當然不會。

有福同享，更多時候展現的是一個人的責任與品質，在他失意的時候，因為本身就一無所有，所以與人分享也沒覺得有太多損失，而在他春風得意時，還能慷慨的讓他人分一杯羹，就能展現出他的人格魅力和品質來。這樣的人，就如同一塊磁鐵一樣，能吸引更多志同道合的朋友到他身邊，總而越變越強。所以說，學會和他人分享是種智慧，更是讓我們變的更好，更強的一把鑰匙。

假如你有六個蘋果，你會怎麼分？是分給同伴五個留給自己一個呢，還是留著自己慢慢吃呢？如果你分了五個蘋果，表面上看你失去了蘋果，可是實際上你得到的是友誼。還有，你給人家蘋果，哪一天人家有香蕉有草莓，自然也會分給你一份。那麼，你還將得到多種不同口味的水果。假如你將蘋果留給自己慢慢吃，表面上看來你什麼都沒失去。但實際上，你虧大了。

學會與他人分享自己的果實，讓他人能從你身上得到好處，別人也才會投桃報李，在關鍵時刻給予你想要的支持。其實很多時候不獨吞「好吃的東西」，去獲取他人的支持，也是讓自己獲益的一個途徑。

一個成功的企業家在接受記者採訪的時候，講述過這樣的一個故事：

「在三年前，我用盡渾身解數，動用了所有人脈，接到了一個國家重點扶持的科學技術專案，如果這個項目能夠順利做出成果，不僅我們公司能夠獲得一大筆收入，而且我們還能在業內奠定自己的領先地位。

然而，我們實在太樂觀了。這個項目裡面不僅涉及到很多尖端技術，而且需要很多資料。並且，客戶給我們的要求是在短短三個月的時間內要做出來。

當手下把這個情況匯報給我的時候，我有兩個選擇：第一，是找大量的外包小公司來幫我們採集資料和分析，但後果是項目結果一定不太理想，第二，就是找一個實力和我們接近的公司聯合開發，後果是我們會失去對這個專案的獨占權。

說實話，我也經過了痛苦的抉擇，是保證品質，還是保證自己的壟斷優勢呢？

最終，我選擇了和我當時最大的競爭對手合作，因為我相信他們公司的實力和效率。當時他們公司的老總也很驚訝，不過他很快就理解了我的苦心。於是我們兩家企業攜手，最終在規定的時間內完成了這個項目，還獲得了國家的認可和

獎勵，我們兩家公司都獲得了自己想要的資源和報酬。」

這個企業家主動謀求和自己的競爭對手合作，看似是將自己的果實拱手讓人，但其實是達到了雙贏，壯大了自己的力量。倘若他守著自己的一畝三分地不放，不僅訂單完成不了，還會砸掉了自己的招牌，這又是何苦呢？

有福同享才能雙贏。人不要總想著自己，在你只注意自己的時候，實際上你就會失去的更多，別人也會對你不聞不問。當你冷漠一個人的時候，別人也會同樣的冷漠你。敢於和他人分享自己的碗裡的果實，是人生的一種豁達，更是人生的一種智慧。

只有分享自己擁有的東西才可以凝聚他人，學會分享，我們能結交更多的朋友，獲得更多的資源，人生才會更加精采。

08

看起來最俗的人，或許是最不俗的人

面對意外的驚喜，多數人的反應都是一樣的，那就是發自內心的激動和驚喜。

當何芳收到了集團總部年終晚宴的邀請函後，她也激動的一整晚翻來覆去的睡不著。這個邀請函對於她這個剛剛畢業的新人來說，真是莫大的榮耀。要知道在這個晚宴上不僅有集團裡各個公司的傑出人才，還有社會各界名流，毫不誇張的說，能參加這個晚宴是某種程度上身分的象徵。

晚宴一定要穿著正裝，可是自己卻沒這個經驗，於是她買來不少時尚雜誌，加上網路搜索，才明白了所有要注意的禮節。「這是一個好好表現自己的機會！」想到這裡，一狠心，她花了一個月薪水買了套漂亮的晚宴裝。看著鏡子裡「雍容華貴」的自己，她滿意的笑了。

晚宴的時間很快來到了，何芳婀娜多姿的出現了晚宴現場，立刻成為了晚宴的焦點，不少帥氣的青年才俊都主動過來和何芳打招呼，聊一些年輕人感興趣的時尚話題。

不過，何芳的目光很快被晚宴裡的一個「異類」所吸引，這個人三十多歲，其貌不揚，更加奇特的是，他上半身居然只簡單的穿了一件T恤，下半身是一條牛仔褲配上休閒鞋，在周圍人正式裝扮的襯托下，顯得特別突兀。

「這個人是怎麼混進來的？」旁邊一位男士微微皺了皺眉頭，一臉鄙夷和詫異。看到這一幕，何芳腦子裡忽然閃出一個典故，那就是美國著名的投資人巴菲特，為了表示對主流社會的鄙視，常常故意在一些比較正式的場合表現得像是個鄉巴佬。

「難道……」這個念頭一產生，聰明的何芳就明白這個「異類」要麼就是最有實力的，要麼就是最沒實力的存在。她能在第一年成為優秀員工，並不是靠運氣，而是靠著自己聰明的頭腦和高效的執行力。於是，不顧周圍幾個年輕人詫異的眼神，她信步走向了這個獨自站在一角的「異類」面前，而這個奇怪的男士也微微一笑，主動迎了過來。

很快，兩個人便攀談起來，這個人的幽默風趣逗的何芳咯笑呵呵，而何芳年紀輕輕但卻博聞廣識的言語也讓這個男士欣賞不已。當晚宴結束的時候，兩個人已經成為可以談天說地的朋友了。

故事說到這裡，相信各位讀者都看出了，何芳是個聰明的女孩，因為她從「大俗」中看到了「大雅」，從「最俗」中看到了「最不俗」。因此她是這個社會中鳳毛麟角的聰明人。絕大多數人都看不到這點，他們只會希望自己被人稱為一個「雅士」，而不是被稱之為一個大老粗。

然而什麼是「雅」？什麼是「俗」？這是文明時代才有的分野。野蠻時代的人，赤身裸體，茹毛飲血，火都不會用，衣服都沒得穿，哪有什麼「雅」可言？

後來，人類進步了，物質變得豐富，精神也有了要求。衣食住行，都不同於野蠻時代。比方說，吃飯要用餐具，不能用手抓；公共場合要穿衣服，不能赤身裸體；說話，也有了禁忌，不能動「粗口」、說「髒話」。這些講究，就叫「文明」，也叫「文雅」。特別講究的，則叫「高雅」。相反，則叫「俗」。特別不講究，就叫「低俗」。

低俗，高雅，一高一低，就有了價值的判斷——雅是好的，因為代表文明；俗是不好的，因為代表野蠻。於是，雅，就成為主流，成為方向。俗，則成了上不了檯面的「狗肉包子」。這也許就是現代許多人要假裝「雅」，或包裝「俗」的原因。其實還有個說法，那就是，大俗即大雅。我們看到那些俗到極點的人往往是真性情，也正因為「只有俗」，它就不能叫「俗」，只能叫做「真」。

回過頭，再來說說何芳後來的際遇。

男士臨走前遞給了何芳一張名片說：「有空可以一起再出來聊聊天，今天是個奇妙的晚上。」何芳優雅的揮手道別，然後一看名片，驚訝的捂住了嘴，名片上的頭銜赫然是集團美國總部高級經理。

懷著激動的心情，何芳回到家裡一搜尋，原來這個男士名叫林易玄，為人不拘禮節，以蔑視上流社會著稱，但是年輕有為，不僅擁有令人側目的耶魯大學經濟學博士學位，還被評為未來最有可能成為商業領袖的二十位未來之星。

看到這裡，何芳終於忍不住捂著嘴笑了出來。

貌似最俗的人，其實也許就是最不俗的人，何芳透過自己的聰明判斷，從不尋常中找到了突破口，在這些男士中找到了最有潛力的那個。

林易玄，與其說是他俗，不如說是他擁有著強大的自信，只有真正強大的人，才會不用看他人眼色，按照自己的生活方式活著。當然，對於我們普通人來說，不用刻意去「大雅」，或者「大俗」，而是尋找一個中間點。雅俗共存的最佳狀態，還不是「雅俗並立」，而是「雅俗共賞」。雅俗共賞的結果，是「雅人」和「俗人」都能得到滿足。雅俗雙方，也能得到「優勢互補」——雅能因俗而生動鮮活，俗能因雅而脫胎換骨。這就不僅是「和平共處」，而且是「互利雙贏」了。

09 有些人脈會掐死你的命脈

關於人脈兩字，有太多文字說明它的重要性了。有一句歌詞寫得好，「千金難買是朋友，朋友多了路好走」；同樣，還有句俗語：「在家靠父母，出門靠朋友。」這些說的都是人脈。

人脈就是人際關係網，是你結交的好人緣，就是你在需要時，可以毫不猶豫開口求助的那些人。在如今這個社會，孤膽英雄已經是過去式，只有團隊才能生存下來，就算想成為英雄，也應該成為站在巨人肩膀上的英雄。

看到這裡，也許性急的你一拍腦門，恨不得現在就去結交點朋友，網羅點人脈——等等，先別急。就如同哲學課裡所說，同一枚硬幣都有其不同的兩面，人脈也不一定總能給你帶來好處，有些人脈如同黃金般寶貴，有些人脈卻如同毒藥般害人。並且，有些人脈可能讓你先嘗點甜頭，讓你情不自禁陷進去以後，才幻化出血盆大口，將你吃的連骨頭都不剩。

小高是一家投資公司的負責人，為了經營好自己的這家公司，他可謂是殫精竭慮，費勁心機。在當今的社會環境下，做投資，就必須和政府主管部門打好交道，為了拉攏這些關係，小高花了不少心思。

負責招商的朱局長沒什麼別的愛好，就喜歡收藏名人字畫，平時工作之餘也會舞文弄墨，常以文化愛好者自居。瞭解到這個消息後，小高一狠心，花重金從外面買了一位大師的真跡，然後透過仲介人介紹，親自呈給了朱局長，朱局長一番欣賞後，自然是愛不釋手，對小高費的心思也是頷首讚揚。

透過朱局長的牽線搭橋，小高很快做了兩個大案子，這讓他喜上眉梢，起碼

自己的公司一段時間內不愁現金周轉了。不過，後面的事情，卻又讓他始料未及。

「小高啊，這次局裡要去國外考察，你是我們市的傑出企業家，也隨團一起去吧！」朱局長親自打了一通電話給小高。小高雖然有些受寵若驚，不過多年的商界搏殺，也讓小高從朱局長的話中嗅出了一絲不同的味道。

小高的預感沒有錯，果然在國外每一站開會結束後，朱局長就會提議出去看看當地的民風民俗，而小高也只有當成貼身小祕書陪伴在他周圍，在這期間，有什麼看上眼的古玩字畫，最終都是小高買單結帳。

雖然心疼，但為了以後的資源，小高還是買單了。朱局長也比較知道投桃報李，回到局裡，又給小高批了幾個標案，算是給他的補償。

然而，好景不長，隨著他人的舉報，朱局長被展開了調查，很快他的問題開始浮出水面，而小高也受到牽連，那些古董字畫一下成為了鐵證，讓小高無言以對。

小高可說是成也人脈，敗也人脈。朱局長這條人脈，在他還在位，手握大權的時候是金脈，讓小高的公司風生水起。而一旦深陷囹圄之時，這條人脈又成為毀掉小高事業的毒藥。

「生時靠人帶，死時靠人拜」，人際關係的重要性如此重要，因此讓我們不斷去尋找對自己有利的資源，十分注重「人情關係」，然而，在尋找「貴人」，打造人脈的關係時，一定要清醒明確，不要為了短暫和眼前的利益而毀掉自己一生的事業。

這個挑選過程的確很難，畢竟很多事情有時候是超出我們的掌控之中的，不過在當今社會，有一點你起碼得記住，那就是倘若這人脈讓你飛黃騰達的代價是做違法犯罪之勾當，那還是趕緊撤手吧，這種人脈，就算現在金燦燦，也遲早會變成你的索命繩。

10 當別人說你屢戰屢敗，你要屢敗屢戰

任何人在社會中闖蕩，都會經歷失敗和挫折。遭受失敗毫不氣餒，繼續奮鬥的過程——在消極的人看來，是屢戰屢敗，看不到任何成功的曙光所做的無謂抵抗；而在積極樂觀的人看來，這是屢敗屢戰，永不屈服的意志，暫時的失敗都是黎明前的黑暗，總會煙消雲散。

所以，不同的心態可以創造不同的人生。當你失敗的時候，如果因為他人的

嘲笑與諷刺而徹底消沉，那麼你就真正失敗了。

電台廣播員菲菲，在她三十年職業生涯中，曾經被辭退五次，還有四次連面試都進不去，可是她每次都不放棄自己的目標。原來，在最開始，大部分電台認為女性不能吸引觀眾，覺得電台的聽眾一般喜歡關注時事和新聞，所以沒有一家電台願意雇用她。周圍的人都勸菲菲轉行，畢竟當時她年紀還輕，可以去做一些力所能及的事情。

可是菲菲卻絲毫不氣餒，好不容易在一家電台謀求到一份職務，不久又遭辭退，說她跟不上時代，親朋好友都認為菲菲簡直是在浪費時間。

然而菲菲總結了失敗的教訓之後，又向另外一家廣播電台推銷她的節目構想。電台勉強答應了，但提出她要先在交通節目主持。

「我對交通所知不多，恐怕很難成功。」她一度猶豫，但堅定的信念促使她大膽的嘗試。於是她利用自己的長處和平易近人的作風，不僅介紹交通法規，還將路況、車輛養護等一些內容融入其中，在節目當中，還請觀眾打電話來暢談他們的感受，進行各種良好的互動。聽眾立即對這個節目產生興趣，她也終於在電

台裡有了一席之地。

後來，菲菲成為了知名的主持人，兩度獲得重要的主持人獎項。在分享自己的成功經驗時，她微笑地說：「我被人辭退了很多次，如果因此被厄運所嚇退，我做不成想做的事情。相反的，我讓它們鞭策我勇往直前。」

之前的失敗是最後成功的肥料，而他人的嘲笑和鄙夷只會成為你成功之後的勵志故事。在世界上，任何生命的存在，都經歷了不斷失敗，失敗後不斷挑戰，最終得以成功。

在食物缺乏的季節，一隻老鷹在天空搜尋一天，卻可能連一隻兔子也抓不到。因此，老鷹群實際上經常處於飢餓狀態。或許，就是這種飢餓狀態，促使牠們積極地面對失敗，讓牠們從失敗中吸取教訓吧。

雄鷹面對失敗，從來不會退縮、屈服，牠們甚至沒有一點沮喪。牠們不會像人類一樣，在失敗之後不停地抱怨，不停地為自己尋找各種藉口，或者放下擔子，就此放棄。牠們要做的只是默默地承受失敗，忍受飢餓，然後從失敗的行動中總結經驗與教訓，以便在下一次捕獵時避免重蹈覆轍。

在競爭激烈的職場上，有人靠自己的智慧和能力，率先獲得了成功，也有人卻因種種失誤，承受著失敗的痛苦，但成功和失敗對於一個人來說總是在變化著。你面對的究竟是失敗還是成功，就看你是否能像雄鷹那樣把握自己。他人的閒言閒語，就對它視若無睹，當作耳邊風吧。

在社會中，只能面對鮮花和掌聲而不能面對他人嘲諷的人，並不是成功的人。縱觀社會中的知名人士、真正的強者，都是是面對失敗，面對他人的嘲諷，依舊能堅持努力的人。如果一個人把眼光拘泥於挫折的痛感與他人的嘲笑上，他就很難想想自己下一步如何努力與東山再起。

失敗在很大程度上標誌著一個新的起點，能讓我們反思自己的錯誤與草率之處，靜下心來做更充分的準備，為最終的成功埋下伏筆。

11 創新更需要高度的智慧

大畫家齊白石桃李滿天下，但他卻不贊成學生一味地模仿他，而是鼓勵學生勇於創新，走出一條自己的路。

他有句名言：「學我者生，似我者死。」藝術就是如此，學別人學得再像，也是在別人陰影下生活，古往今來，從沒有聽說過靠模仿就能模仿出藝術大師的。

平心而論，藝術之路，第一步肯定是必要的模仿，那是入門學步階段，問題是第二步、第三步，就要及時扔掉拐杖，走自己的路了，否則，在藝術上就不會有什麼前途。以反對學生一味模仿自己的齊白石來說，他早先也學八大山人，學青藤道人，學吳昌碩，學閻立本，那是真正投入，可是學著學著，他就成熟了，開悟了，獨立了，又經過多年的苦心揣摩，不斷鑽研，終於走出了一條自己所獨有的藝術之路。

麥可是一位優秀的主持人，在他剛進入主持人這個行業的時候，上層就告訴他要成為一個真正優秀的主持人，必須要有自己的特色。如何找到自己的特色？麥可努力在節目中嘗試，試圖找出適合自己的主持風格和感覺，然而觀眾對於他這個新人的包容度實在太低了，批評意見撲面而來。

沒有辦法，麥可心想，既然如此，那麼我不如先模仿一些知名主持人的風格，於是他借來了大量優秀主持人的錄影檔案，一有機會便仔細觀看和揣摩。果然，他按照這些知名主持人的軌跡來包裝自己，觀眾對他的認可度也漸漸高了起來。

不過，模仿始終只能跟隨他人的腳步，不可能達到新的高峰。麥可的事業很

快遭遇到瓶頸，身為一個新人，自然是要求進步，年度最佳主持人獎一直是麥可夢寐以求的目標，充滿激情和動力的的他，不甘心只是活在這些前輩的影子下，既然觀眾對自己已經有了一定的認可度，那麼，可以慢慢調整自己的風格。

就這樣堅持幾年下來，他以健康活潑的形象呈現在觀眾面前，逐漸成為了大家喜聞樂見的主持人，後來他終於獲得了最佳主持人獎項，而他的主持風格也被不少後起之秀所模仿和學習。

有理想的人都渴望在社會中闖蕩出一番天地，建功立業。而模仿，是新人菜鳥進階的必備過程，然而，如果你想進一步提升，站在前人的成就之上，那就需要走自己的路。模仿，即便水準臻於化境，爐火純青，也不過是鸚鵡學舌；要聽麗音清韻，天籟之聲，還要獨出機杼，不落窠臼。

創新更需要高度的智慧，有句話說：「第一個把少女比做鮮花的是天才，第二個則是庸才，第三個便是蠢才。」的確，創新的作品總能給人耳目一新的感覺，因為它經過了人腦思維活動，由量變到質變的飛躍，是智慧的結晶。想在社會中如魚得水，從模仿到創新，正是我們需要做到的。

12 除了自己，誰也不能將你貶值

自尊，是人類一個非常重要的特質，它建立在自重和自愛的基礎之上，一個尊重自己的人，能夠正視自己的價值，既不妄自菲薄、自暴自棄，也不會隨意放任自己，降低對自己的要求。

「你看看人家王曼茹的老公，年終就拿了二十幾萬，你看看你，一年到頭究竟在忙什麼啊？」順德的妻子抱怨道，「人家的命怎麼就這麼好呢？住大房子，

上下班有人接送，而我每天擠著公車捷運回家，還得租房住，唉——」坐在沙發上的順德不發一言。而妻子卻越說越激動，似乎想把這幾年的不滿和怨恨全部發洩出來。

順德其實是有苦衷的，他所在的公司由於遭受經濟危機，入不敷出，大量裁員。自己還算工作認真，才勉強保住了飯碗。薪資全額發放都很困難，更別說獎金了。不過自己確實也虧欠妻子，這幾年跟著他，讓她受苦了。

一個人走在午夜的大街上，任憑刺骨的寒風打在自己臉上，順德試圖讓自己清醒一點，這幾年形形色色的遭遇，此刻如同放電影一樣，一幕一幕在他腦海中重現：開著公司，年收入超過八位數的大學同學，對自己現在生活充滿同情的那一瞥；父母看著人家兒孫滿堂的羨慕之情；妻子不時訴說想擁有自己房子的夢想；被老闆斥責工作不力的情景……一時間，他竟然淚流滿面。也許，自己就是一個廢物吧，三十而不能立，上不贍養高堂，下不能照顧妻子。自己這麼渾渾噩噩的活著還有什麼意思？

正當他胡思亂想，萬念俱灰的時候，他忽然想起了大學畢業時，一位專業課老師跟自己說的一句話：「順德，你就是你自己，你是這個世界獨一無二的存在，活出屬於你自己的精采吧！」

想到這裡，猶如黑暗的天空中劃過了一顆流星，順德感到自己如同被點醒一般，那種陰霾的情緒也被驅散開來。

「我要證明我自己。」他告訴自己，一定要讓自己的家人過幸福的生活。

第二天，順德將一張列印工整的辭職信交到了老總手中，其實他早就想跳槽，但是由於之前缺乏勇氣和魄力，他一直瞻前顧後。現在，他決定把握自己的命運。

他一改自己身上的多項弱點，用更積極的人生態度來打拚自己的事業。就這樣過了幾年，他果然讓妻子如願以償住進大房子，上下班也有了私家車，他也成為人們口中「成功的創業家」，朋友家人口中的「好男人」。

面對這些改變，順德淡淡一笑，他明白，自己的價值不在別人口中，而在於自己的努力與奮鬥，因為自己是那個獨一無二的存在，自己的價值，自己說了算。

面對困境，面對指責，任何人都有可能彷徨，甚至會在內心深處對自己的定

位產生動搖。而一旦你自己產生動搖，你就會真正成為他人口中的那個失敗者；倘若你有一顆「強心臟」，那麼誰也不能否定你的價值。

在社會中，我們都渴望有面子，渴望能被人尊重，然而一個人希望得到他人的尊重和關愛，首先就必須學會自尊自愛，然後才可能被他人認可和肯定。自尊，就是要維護自己的尊嚴和人格，不要碰見強權就搖尾乞憐，喪失做人的立場；自愛，就是在日常的生活之中要接受真實的自己，喜歡真實的自己，在適當的時候懂得理解自己，寬容自己。這是你能混好社會的前提，也是你真正成熟的表現。

13

就算沒有人欣賞你，你也應該欣賞自己

世界上有長相差不多的人，抑或性格類似的人，但絕對沒有完全相同的兩個人。沒有翻版，沒有雷同，我就是我，你就是你。但是，由於太多「人生導師」的開導，太多「熱心人士」的關懷，我們不是為了自己而活，而是仰望別人，效仿別人，追隨別人，慢慢的，在我們身上留下的，是許多別人的烙印，唯獨不復存在的是當初的自己。

小梅是個普通女孩，長相平凡，家境還算過得去，個性很靦腆，不喜歡說話，只喜歡沉浸在自己的世界裡。因此，無論在什麼地方，小梅都是被人忽略的那一位，從來沒有成為過焦點。不過，她卻從未感受過孤獨，因為她會畫畫，畫著畫著，似乎在和漫畫裡的人物說起話來，交起朋友；而且她還養了一隻可愛的小狗，這隻小狗就如同她的親人一般，會用一雙無辜的眼睛看著她，搖著小尾巴，看著小梅面帶微笑的畫漫畫。

一個大剌剌的大姐看到沉默寡言的小梅，皺起了眉頭：「小梅啊，妳怎麼不愛說話啊，妳這樣下去，可是沒有男孩子會喜歡哦！」小梅微微一笑，並沒有回答。

然而低調的小梅最終還是成為了人群的焦點，她畫的漫畫本來只發表在自己的部落格上，誰知道引來越來越多人的點閱，無數喜歡漫畫的年輕人留言催促更新，最後還有出版社想買斷版權，她創作的漫畫就這樣「紅」起來了。於是，一切就變得那麼順理成章，出書、販售、熱賣、再版……

不過小梅似乎還是那個小梅，她依舊耕耘著屬於自己的一片天地。到了最後，沉默的小梅也有男孩子追，過著幸福的生活，變了的東西有很多，但不變的東西依舊也很多，比如她依舊熱愛的漫畫與插畫，和她那隻溫順可愛的小狗。

對於現代人來說，要懂得欣賞自己的生活，讓自己活得隨心所欲。你能改變什麼讓自己感到愉快，那就做一些改變；不過，如果改變了以後會讓自己不愉快的話，那麼不管有多少人說要做，也不應該盲從去做。

學會欣賞自己所擁有的一切，那些讓自己覺得不滿意的地方，就儘量忽略過去。畢竟，上帝創造我們有不同的膚色、不同的個性，是為了讓我們的生活多彩多姿，所以要接受自己所謂不完美的地方，沒有必要勉強自己變得完美。

小梅其實是個真正懂得欣賞自己，懂得生活的人，就算自己永遠在人群中的角落，她也從來不想去表現自己，或者想獲得他人的欣賞；她不按照規定好的路線前進，而是過著自己喜歡的生活，並且最終也收穫了幸福。幸福只是旅程的目標，至於如何到達其實因人而異。

所以我們不必對自己太苛求，我們又怎麼知道別人一定比自己好？那些受到關注和目光的人，難道就真的過得比我們幸福嗎？事實上每個人都有令人羡慕的

東西，也有自己缺憾的東西，沒有一個人能擁有世界的全部，重要的在於自己的內心感覺。那些心態平和的人也許在物質的享受並不比任何人多，只是他能接受自己，覺得自己好而已。

生活中，那些總是抱怨自己不幸的人，不要用沉重的慾望迷惑自己，不要總是看到你還不曾擁有的東西，而要靜下心來，放下心靈的負擔，仔細品味你已擁有的一切。學會欣賞自己的每一次成功、每一份擁有，你就不難發現，自己竟然會有那麼多值得別人羡慕的地方，其實自己也是他人口中那個幸福的人。

TALENT TOOL

大大的享受拓展視野的好選擇

謝謝您購買 讓你受歡迎到耍耍的人際關係學！ 這本書！

即日起，詳細填寫本卡各欄，對折免貼郵票寄回，我們每月將抽出一百名回函讀者寄出精美禮物，並享有生日當月購書優惠！

想知道更多更即時的消息，歡迎加入"永續圖書粉絲團"

您也可以利用以下傳真或是掃描圖檔寄回本公司信箱，謝謝。

傳真電話：（02）8647-3660　　信箱：yungjiuh@ms45.hinet.net

☺ 姓名：　　□男 □女　　□單身 □已婚

☺ 生日：　　□非會員　　□已是會員

☺ E-Mail：　　電話：（ ）

☺ 地址：

☺ 學歷：□高中及以下 □專科或大學 □研究所以上 □其他

☺ 職業：□學生 □資訊 □製造 □行銷 □服務 □金融
□傳播 □公教 □軍警 □自由 □家管 □其他

☺ 您購買此書的原因：□書名 □作者 □內容 □封面 □其他

☺ 您購買此書地點：　　金額：

☺ 建議改進：□內容 □封面 □版面設計 □其他

您的建議：

剪下後傳真、掃描或寄回至「22103新北市汐止區大同路三段194號9樓之1大拓文化收」

廣 告 回 信
基隆郵局登記證
基隆廣字第 57 號

新北市汐止區大同路三段一九四號九樓之一

大拓文化事業有限公司收

請沿此虛線對折免貼郵票，以膠帶黏貼後寄回，謝謝！

讓你受歡迎到嚶嚶的人際關係學！

- 請至鄰近各大書店洽詢選購。
- 永續圖書網，24小時訂購服務
  www. foreverbooks. com. tw
  免費加入會員，享有優惠折扣
- 郵政劃撥訂購：
  服務專線：(02)8647-3663
  郵政劃撥帳號：18669219